私の履歴書

文字を超える

浮川和宣
MetaMoJi社長

日本経済新聞出版

時代は大きく移ろおうとしている。
その流れのなかに飛び込んでチャンスをつかもうとするのか、
それともこのまま岸辺に立って傍観者で終わるのか——。
自問自答した私は、前者の道を選んだ。

夫婦の物語

ここ10年ほど、夏は長野・蓼科、春と秋は東京、冬は宮古島で暮らしている。いま眼前に広がるのは、どこまでも美しい東シナ海の大海原だ。都市の喧噪《けんそう》とは無縁の土地だが、隠居生活を過ごしているわけではない。「人間の知的活動を支えるものをつくりたい」。その思いは、あれから何も変わっていない。

6年間のサラリーマン生活に終止符を打ってジャストシステムを創業したのが1979年のことだ。当時は、妻の初子とたった二人での船出だった。しゃれたオフィスを構える余裕などなく、本社は徳島市にある初子の実家の応接室だった。看板は自分たちで家の駐車場に立てた。会社らしい物など何もない。まさに裸一貫での出発だった。

思えば、あのときに眺めたのも美しい水の流れだった。関東の利根川（坂東太郎）、九州の筑後川（筑紫次郎）と並び「四国三郎」の異名を持つ大河・吉野川のほとりに立って、じっと考え込んだものだ。「どうせ生きるのなら、思い切ってこの川の流れに飛び込んでやろう」と。

当時は、日本経済を2度目の石油危機が襲った直後のこと。昭和元禄と呼ばれた高度経済成長期がすっかり過去のものとなったなかで勃興してきたのが、コンピューター産業だった。それが私の目には、まさに「四国三郎」のごとき大河に映った。

時代は大きく移ろおうとしている。その流れのなかに飛び込んでチャンスをつかもうとするのか、それともこのまま岸辺に立って傍観者で終わるのか——。自問自答した私は、前者の道を選んだ。

それからというもの、山あり谷ありの道のりを歩んできた。それでも、あのときの決断は間違いではなかったと胸を張って言える。

初子と二人でつくったジャストシステムは「一太郎」という大ヒット商品を生み出した。それまでは手書きが普通だった。コンピューターで日本語の文章をつくる作業を誰でも簡単にできるようにしたことは、私と妻にとって大きな誇りだ。日本人の知的生産性の画期的な向上に私たちなりに貢献できたと考えている。

１９９０年代後半になると米マイクロソフトの猛威にさらされた。残念ながら「一太郎」は徐々に市場を失っていったが、私と初子の旅はそこで終わらなかった。

２００９年に現在のＭｅｔａＭｏＪｉ（メタモジ）を創業し、ジャストシステムを起業したときのようにもう一度、「社長」と「専務」というコンビで再出発することにした。幸いながら、タブレットに手書きで入力するシステムは多くの方々の支持を得ることができ、現在に至っている。

40年以上前と、いまとでは、テクノロジーがまったく異なる。それでも前述のとおり、やっていることはなんら変わっていない。もうひとつ変わらないのは、いつも隣に初子がいることだ。

本書では、ジャストシステムで、そしてメタモジで駆け抜けてきた歩みを振り返りたい。多くの仲間たちに支えられてきたが、そのなかでも、やはり初子の存在は特別だ。周囲からはおしどり夫婦と言われたりもするが、もちろんケンカすることも度々だ。

会社では、いまも昔も社長と専務。酸いも甘いも、大学1年の春に愛媛県松山市のキャンパスで出会ったころから二人で味わってきた。そんな夫婦の物語にお付き合いいただきたい。

2023年10月
浮川和宣

文字を超える　私の履歴書

目次

第3章 一太郎誕生　67

第4章 挑戦　113

第5章　再起

本書は、2022年3月1日から3月31日まで日本経済新聞に連載された「私の履歴書」をもとに加筆・編集したものである。

第1章

出会い

大工の一族

私は１９４９年5月に愛媛県新居浜市で生まれた。江戸時代に始まった別子銅山の開発とその周辺産業によって繁栄してきた町だ。いまも沿海部には住友系の大きな工場が連なる工業地帯だ。ただ、私の生家がある沢津町は畑が広がる典型的な農村だった。

浮川家は代々、大工の一族だった。江戸時代はお殿様に仕える宮大工だったようだが、私が生まれたころも建築業に就いている親族が多かった。聞くところによると、もとは「請川」と名乗っていたそうだが、明治期にいまの「浮川」に字を変えたという。

面白いのは一族で役割を分担していたことだ。私の祖父は左官を担当していた。家の勝手口をくぐると大きな土間があり、その扉を開けると祖父の左官道具がズラリと並んでいた。それぞれの技を受け継ぐ浮川一族が集まれば屋敷が建つという具合だ。

我が家は新宅と呼ばれ、広い座敷があったので、夏の終わりのころには一族の祭りを開いた。30人から40人くらいは集まっていた。

ただ、経済的に恵まれていたかというと、そういうわけでもなかった。父は機械のエンジニアだったが、戦争から帰り、重度の結核を患った。私の物心がついたころからは入院していた時期が長かった。

そんなこともあって、私が成長するに従って、父の兄弟が結婚するたびに家の周辺に持っていた土地はどんどん手放してしまった。我が家にとって幸いだったのが、母が仕事のできる人だったことだ。

父が病気を患うと、30歳になる少し前くらいから市役所に臨時職員として勤めはじめたのだが、すぐに周囲から頼りにされたようで、事務職で女性初の管理職に抜擢された。

どうやら私の人生は、仕事のできる女性と縁があるようだ。大学時代に知り合い、後に二人でジャストシステムを起業することになる妻の初子は腕利きのプログラマー。彼女と出会わなければ「一太郎」も生まれなかった。二人で切り盛りしたジャストシステムは当時としては珍しく社員の半数が女性だった。

小学生のころに家族と（右から２人目が筆者）

妻の家族もしかり。初子の母、陽子さんは藍染めアーティストで、フランスの展示会に作品を出展した実績もある。

豊かとは言えないまでも、ものづくりの息づかいが聞こえてくるような家系に生まれた。小学生のころはありとあらゆる本を読んだ。よく覚えているのが、小学4年のときに担任の先生が勧めてくれた雑誌『子供の科学』だ。大正13年（1924年）に創刊されたという月刊誌だ。毎号、夢中で読んだものだ。

科学だけでなく国語や社会、体育、音楽も好きだったが、やはり父の影響で将来はモノをつくったり設計したりして生きていくのだろうなと思ったものだ。後にコンピューターの世界で起業する原点は、こんなところにあったのかもしれない。

そんな少年が出合ったのが、放送機材だった。小学5年のころに学校に放送機材がやって来た日のことは記憶に鮮明に残っている。マイクやレコーディング機器、ボリュームを表示する6つのパネル。当時としては最新鋭の機械に見えた。それを操作する姿がなんともカッコいいのだ。毎朝の朝礼とお昼の給食の時間には音楽を流していた。

将来、付き合う機械がコンピューターになるとはもちろん思いもしないが、テクノロジーに魅せられたあのころの感覚はいまも失ってはいない。

瀬戸内海

小学5年で放送機材に魅せられた私は、中学でも放送部に入部した。ただ、2年生になると担任の女性教師に引っ張られるように合唱部に入部することになり、放送部との兼務となる。このころから音楽が好きになった。

自分で言うのもなんだが、勉強はよくできて、成績はずっと学年のトップだった。当時の新居浜東中学校ではテストがあるたびに成績順で名前が張り出されるのだが、2年生のときに一度だけ2位になった以外はずっと1位だった。

小学生のころから機械が好きで、数学や理科が大の得意だったことが奏功したのかもしれない。まったく勉強熱心ではなかったのに成績はよかった。これが、高校に入って落とし穴になるのだが……。

高校で打ち込んだのは、勉強ではなくブラスバンド部だった。私の担当はトランペット。我々にとっての晴れ舞台は野球部の応援だが、チームは弱く、いつもあっという間に試合が終わってしまう。

本番が物足りないわりには、練習には熱心に打ち込んだ。農村とはいえ家で吹くと近所に迷惑なので、いつも自転車に乗って海に向かった。新居浜市沢津町の自宅から北に1キロほど走れば瀬戸内海が見える。

海岸まで行けば、だだっ広い燧灘《ひうちなだ》だけが目に入る。このあたりは瀬戸内海にしては島が少なく、どこまでも澄んだ海の青色が広がり、はるかかなたで空の青と交わっている。そこで誰に気兼ねすることもなく、ただただ思いのままにトランペットを吹くのだ。

金色のトランペットから放たれる音色、頭上を渡る鳥の鳴き声、そして瀬戸内海から絶え間なく打ち寄せる優しい波の音。

それが空と海に吸い込まれていく。私にとってまさに青春の1ページを彩る光景である。いま思えば、なんとも甘美にしてぜいたくな時間だった。

ただし、その代償というべきか、成績のほうは中学までのように学年トップを快走とは

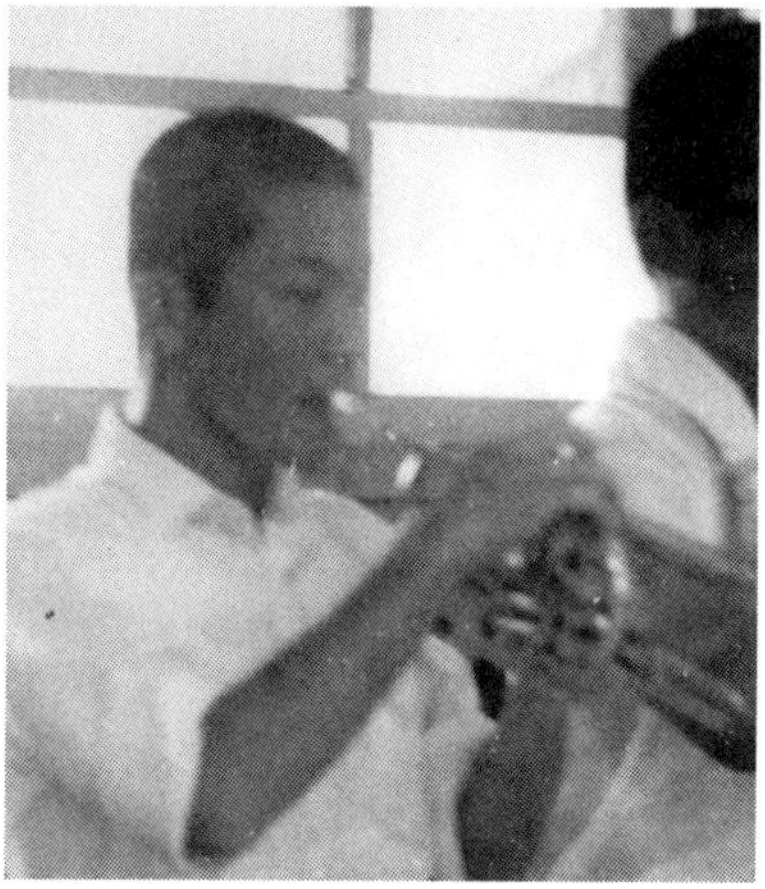

高校ではトランペットに打ち込んだ

いかなかった。実はいまでも妻と妹から、「あなたは中学まで努力もせずに学年トップになったのがダメだった」と言われる。楽観的な私は「旧帝大でも行けるだろう」と考えていたが、根拠のない自信と言わざるを得なかった。

将来は映像や音楽の仕事がしたいと考え、九州芸術工科大学（現九州大学芸術工学部）を受験した。学科と実技を組み合わせた試験だが、学科のほうの出来が悪かったようで不合格となった。

浪人生活をへて考えた。当時は2浪すると、奨学金の資格がなくなってしまう。先に述べたとおり、父は私が幼いころから病で入院することが多く、家計は母が支えていた。失敗は許されない。

もちろん、根拠のない自信などにすがる余裕はない。さらには、実家から近い国立大学へと思って受験したのが愛媛大学だった。

晴れて合格したのが工学部の電気工学科だった。本当は音楽や電子工学を学びたかったのだが、当時の愛媛大には該当する学科がない。そう思い込んでいた。実は募集要項には電子工学科が新設されることが明記されていたのだが、見落としていたのだ。

「しまった！」と思ったが後の祭りだ。このうっかりミスを取り戻すために電子工学を勉強しようと入ったサークルで出会ったのが後の妻だったのは、運命のいたずらと言えばいいだろうか。

出会い

1浪の末に進学した愛媛大学は松山城のすぐ北側にある。松山は子どものころから母に連れられて度々訪れていた。

電気工学科に進んだが、関心があったのは音楽や電子機器。それでも「近い分野だからいいか」と願書を出したのだが、実は私が入学した1969年に電子工学科が新設されることになっていた。それを知ったのは入学式の日だ。

それなら自分で勉強すればいいかな、と気を取り直したところ、アマチュア無線のサークルでは電子工学のことも教えてくれるという話を聞いた。小学生のころから機械好きだった私にとっては願ったりかなったりだ。

早速、土曜に開かれた説明会に行くと、「ロ」の字に並べられた机に15人ほどの同級生が座っていた。そのなかの1人に嫌でも視線が行く。

「あ、電子工学科の子だ。あの子もアマチュア無線をやるんだ」

工学部の同級生で女子はたったの2人。そのうちの1人が、私が行きそびれた電子工学科にいることは、入学式のときに気づいていた。

その日は一度下宿に帰り、自転車で教科書を買いに行くことにした。まずは古本を探すのが安上がりだろうと大学近くの古書店に行くと、またもやその女性がいた。電気と電子。探す本は同じような書棚に並んでいる。

「さっきアマチュア無線で会いましたよね」

なんの気なしに私のほうから声をかけたはずだ。相手も私のことを覚えていた。

「ここにない本は『はるや』に買いに行かない?」

結局、商店街にある「はるや」という本屋に、私は自転車を置いて彼女と歩いて行くことになった。これが生涯の伴侶である橋本初子との出会いだった。彼女は徳島の出身。土地勘がある私が松山の街を案内するうちに、すぐに打ち解けるようになった。

当時は学生運動が最後の盛り上がりを見せた時期だ。松山にもその熱は伝わり、我々が入学して１カ月ほどで愛媛大もロックアウトされてしまった。ある日、授業にでかけようとすると無造作に並べられた机で門が閉ざされていたのだ。

初子とはすぐに付き合うようになったが、いつも８人の仲間と行動をともにしていた。授業がないのでよく通ったのが大学近くの喫茶店だ。コーヒー１杯で朝から夕方まで粘る。迷惑な客たちを嫌な顔ひとつせず迎えてくれるおおらかさが、当時の学生街には存在していた。

店内にはジャズの音色が流れ、ビリー・バンバンの「白いブランコ」もよく聞こえてきた。同じ時代に学生生活を過ごした多くの方々も、似たような記憶をお持ちなのではないだろうか。

大学１年生だった１９６９年7月20日、アポロ11号が人類初の月面着陸に成功した。ちょうど夏休みで、アマチュア無線クラブの有志と石鎚山登山の途中でそのニュースを聞いた。新しい時代が開けるのだろうと、期待に胸が膨らんだことをよく覚えている。

学生時代の筆者（右）と初子

そういえば、学園祭では「エロチックかぐや姫」という芝居を披露したことがあった。私が脚本を書き、初子は衣装担当。さて内容は……。ここでは伏せておいたほうがよさそうだ。

４年間はあっという間に過ぎ、初子ともしばしの別れがやってきた。その前に少し彼女の生い立ちに触れたい。

初子

愛媛大学に入った直後に出会った橋本初子は、徳島市の出身だ。初子の実家は４代続く女系家族だ。祖母の義子さんは米屋の娘で、父が小さな米屋から徳島でも有数の大店《おおだな》に育てるのを手伝ったという。母の陽子さんは戦後に廃れかけた藍の復興を願い、いまも藍染め作家として活躍している。父の昭さんは銀行員。その関係で家族は２年ごとに転勤し、初子は小学校を４校、中学校を２校と転校を繰り返した。

前回、同学年の工学部で女性は彼女を含む2人だけだったと書いたとおり、当時としては珍しい。理系女子といえば薬学部の学生がほとんどだったと思う。

なぜ工学部を選んだのかと聞いたときに「いずれは私が家を継がないといけないから」と話していたことが印象的だ。お母さんにも、小さいころから「女でも手に職を付けなさい」と言って聞かせられたという。私はそんなことを考えたこともなかったので、もう単純に「立派な子だな」と感心させられたものだ。

理系志向は小学生時代の出会いの影響が大きかったようだ。家庭教師の影響で算数が好きになり、中学高校と進んでも数学が得意科目。国語は苦手だったが、その理由は、数学や物理のように「ちゃんと公式に落とし込める世界が好きだったから」だという。

コンピューターに興味を持つようになったのは私よりも早く、中学生のころからだという。お父さんが銀行の業務推進本部でオンラインコンピューター導入の責任者だった。初子もマニュアルをもらったりして興味を持ったようだ。

コンピューターの仕事のなかでも彼女が選んだのがプログラマーだった。高3のときに読んだ進学雑誌で、理系女子の仕事の例として薬剤師や教師のほかにプログラマーという

妻は４代続く女系家族で育った（前列左が初子）

記述があったのに目が留まったのだという。まだまだこれからの分野だが、力仕事がない分、女性も男性と同じように活躍できるようになるだろうと書かれていたのだという。

後に初子と二人で起こしたジャストシステムでも、社員の半分は女性だった。いまもそうだがＩＴエンジニアの実力に男女の差はない。技術陣を彼女が率い、女性にとっても働きやすい職場づくりを心がけたことが「一太郎」の快進撃を支えたのだが、そのあたりの詳細は後の回に譲りたい。

初子や仲間たちとの学生時代はあっという間に過ぎ、私は東芝系の西芝電機という会社に就職することになった。会社があるのは兵庫県姫路市だ。初子は初志貫徹でプログラマーとして、東京にある高千穂バロース（現日本ユニシス）に入社することになった。

実は後々になってもちゃんとプロポーズをした記憶がないのだが、このころになって二人のあいだでは「将来は結婚しようね」と話すようになっていた。

姫路と東京。いわゆる遠距離恋愛だ。携帯電話のような便利なものはなく、新幹線が岡山まで延伸された直後とはいえ、いまと比べれば、若い二人にとっては、はるかに遠い土地という感覚だった。

初子は学生のころは女性用のマンションに住んでいたが、東京行きの日は引っ越しの手伝いで忙しくしているうちに出発の時間が来てしまった。国鉄松山駅まで見送りに行き、彼女を乗せた汽車がゆっくりと動き出した。彼女の母も来ていたこともあり、特別な言葉もないままに、そのときが来てしまった。しばしの別れである。

就職

1973年に入社した西芝電機は「西日本の東芝」という社名の由来のとおり東芝系で、発電機器や船舶機器のメーカーだ。技術者の私はずっと設計の担当。当時はコンピューターではなく図面に手書きだ。最初の2〜3年は簡単な回路設計を任されていたが、新規事業開発の部署に異動となった。

考案したのが、船舶で火災が起きた際の非常用消火システムだった。ガスタービンを使って海水をくみ上げて鎮火に利用するにはどうすればいいか。こんな新しいことを考える仕事が面白かった。

これはずいぶんと後になって自分でも再認識することになるのだが、西芝でたたき込まれたのが「安全がすべてに優先する」という哲学だった。船は外洋に出てしまうと事故が発生してもそうそう助けがやってきてはくれない。すべての設計の根底に、「何が起きても安全なほうに」という思想が植え付けられていた。

100年たっても壊れないものを——。そんな西芝でたたき込まれた安全の哲学と、ずっと後になってAI(人工知能)というイノベーションとの出合いによって再び向き合うことになろうとは、このときには知るよしもなかった。

ところで、西芝を選んだのは仕事の内容ばかりではなく立地が大きい。四国から出たいと思っていたが、私は長男だし、いざというときには愛媛県新居浜市の実家に戻らなければならない。関西より東に行くという考えはなく、西芝がある兵庫県姫路市がほどよい位置に思えたのだ。

仕事もさることながら、駆け出し時代の思い出といえば、恋人の初子が住む東京に通っ

西芝電機時代の筆者

たことだ。東京行きは決まって給料日の次の金曜日。夕方6時の電車に飛び乗り、東京駅に着くのは夜10時ごろになる。そこから足早に中央線に乗り換えて、初子の下宿がある国立駅まで向かう。

姫路駅に着く時間が少しでも遅れれば国立までたどり着けない。西芝の寮があるのは網干といって姫路市の西のほうだった。いつも時間がギリギリになるので、見るに見かねた同僚の加藤彰君がよく車で送ってくれた。

ちなみに加藤君は後にジャストシステムに加わり、営業部門を率いて「一太郎」の大ヒットを支えてくれた。彼にはいまもメタモジの監査役を務めてもらっており、思えば長い付き合いだ。

東京には毎月通ったが、特に最初のころは初めての上京だったので見るものすべてが新鮮だった。金曜の深夜に着いて土日を初子と二人で過ごす。定番のコースというものはなかったが六本木の喫茶店のテラスは二人のお気に入りだった。

私は当時からクルマが大好きで、青山にある本屋にはよく通った。フェラーリなどのエンジン音が収録されたＬＰがセットの雑誌が目当てで、いまでも音を聞けばだいたいのクルマは特定できる。

銀座は端から端まで二人で歩き、映画もよく見に行った。特別なことは何もない。月に2日だけという限られた初子との時間を、ただただ気ままに楽しんだことが、いまでもよい思い出だ。

その代わりと言うべきか、毎月のようにこの2日間で有り金をはたいてしまっていた。初任給は確か5万５０００円くらいだったと思うが、一度東京に行くとあとは５０００円も残らない。それで１カ月を暮らすのだ。当時、電話は寮の備え付け。ケータイやスマホが当たり前のいまの若い人たちは見たこともないかもしれないが、いわゆるダイヤル式の電話だ。10円玉を入れて指でダイヤルを回すと通話できる。東京にかけるとものすごい勢いで10円玉が減っていくので、そう何度も電話できない。

幸いにして西芝の寮は食事付き。ただ、これがお世辞にもおいしいとは言えない。もちろんぜいたくは言えないが、たまには違うものが食べたい。

そう思ったときに助けられたのが寮の先輩たちだった。東京通いの事情を知っているので、よく近くの居酒屋に連れて行ってくれた。高ゲタをカランコロンと響かせながら通った店の味が、胸にしみた。

こんな遠距離恋愛も2年がたったころ、私と初子は結婚することになった。ただ、互いに長男と長女だ。女系家族である初子の実家からは猛反対されることになった。

新婚生活

これまでも何度か触れたが、妻の初子の実家は4代続いた女系家族だ。代々長女が婿をもらって橋本の姓を継いできた。これが私との結婚の際に問題となった。

私も長男だし、きょうだいは妹だけ。前述のとおり浮川は、もとは請川と名乗り、代々大工として受け継がれてきた一族だ。私としても橋本に姓を変えるつもりはなかった。

初子の実家には結婚を反対されるだろうことは最初からわかっていた。実際、特に彼女の母方の祖母が猛反対した。

それでも私にとって人生をともに歩むパートナーとして、初子以外は考えられない。妥協することはできない。ここは粘り強く話し合って二人の気持ちをわかってもらうしかないと思った。

このあたりの感覚はいまの若い人たちには理解してもらえないかもしれないが、互いに譲れないことだった。

我々が頼ったのが、初子の父・昭さんだった。こうなったらもう男同士、わかってもらえるだろうと昭さんが出張で徳島を離れたときにお会いし、おばあちゃんを説得してほしいとお願いした。

昭さんも婿養子の立場だ。難しい相談だったと思う。後になって聞いたことだが、困り果てて「家に帰りたくないよ」と嘆いていたそうだ。それでも引き受けていただき、私と初子は無事に結婚することができた。いまでも感謝しきれない。それに、後述するが、おばあちゃんも含めて橋本家の皆さんにはジャストシステムの創業期に多大な恩を受けた。

結婚式を開いたのは高松市だった。二人にとって特段の縁があるわけでもないが、新居浜と徳島という二人の実家のあいだにあたる。それに、式には西芝電機の上司や同僚にも出席してもらうことになる。西芝がある姫路市の位置も考えれば、高松はちょうど中間点

結婚前に初子（左）と

になる。

こんな曲折をへて晴れて夫婦となった我々は、新居を西芝の寮から社宅に移した。初子は東京の高千穂バロースを退社して姫路市の網干にやって来た。1975年のことだ。

ただ、この社宅が戦後すぐに建てられたらしく、すでにボロボロだった。トイレはくみ取り式のいわゆる「ボットン便所」。あまりの古さに、引っ越しの際には同僚が集まって内装を修理してくれたほどだった。社宅には庭が付いていたが、私は家庭菜園などには興味がない。雑草を伸ばしてご近所に迷惑にならないよう、早々に除草剤をまいてしまった。

一刻も早くこの社宅から出たいと言っていた初子は、県営住宅の抽選に当選したときにはそれはもう大喜びだった。

結局、網干での新婚生活は4年ほど続いた。当時の私の趣味はクルマだ。ホンダの「シビック」を買って休みの日にはよく山道を走ったものだ。船舶関連のシステムを設計する仕事も面白く、これといってなんの不満もない。それなのに独立を思い立ち、そんな生活が急変することになろうとは、このころには想像もできなかった。

きっかけは初子が姫路で仕事を得たことだった。結婚してしばらくたつと地元の職業安定所に希望の職種を「コンピューターのプログラマー」と書いて応募した。その日の夜中に自宅に電報が届き仕事が決まった。東芝のコンピューターの代理店だった。ここから二人の人生はコンピューターの世界を舞台に動きはじめることになったのだ。

第2章

起業

妻、エンジニアに

しばらくは姫路の網干で専業主婦をしていた初子だが、やはり高校生のころからプログラマーを目指した女性だ。仕事を探すとあっさりとシステムエンジニアとして職を得た。東芝のオフィスコンピューターの代理店だった。

請求書や納品書、給与計算などに使うコンピューターは、このころから「オフコン」と呼ばれて徐々に企業でも使われはじめていた。初子たちプログラマーは手書きでコーディングシートにプログラムを書き、それをパンチカードに打ち込んでいく。多くの会社ではそれぞれを分業していた。現代とは作業風景がまったく異なる。

当時はアセンブラーというプログラミング言語の一種で書いていたが、地方ではまだまだ書き手も限られていた。もっとも初子の会社は小さな代理店だった。オフコンは基本的にオーダーメードの商品。顧客の要望を聞いてシステムに反映する必要がある。ただプログラムを書くだけでなく、システムをつくり上げて納入後もそれを使う顧客企業の社員を教育するといった、コンサルティングのような仕事も求められる。

コンピューター化の波は私の職場にもやって来ていた。西芝電機で船舶の電気系統の開発を担当していたのだが、親会社である東芝から毎週のように新技術に関する特許の資料が届いていた。分厚い資料のひとつずつに目を通していく。本来の仕事は設計なのだが、仕事の3割ほどが特許の調査になっていた時期もあった。

すぐにあることに気づいた。資料のうちの半分以上がコンピューターに関連するものだったのだ。私も大学の卒業論文はコンピューター・ネットワークの理論を題材にしていたし、なんと言っても自宅に帰ればプログラミングの専門家がいる。普段の仕事は船舶の設計だが、関心が向かないわけがない。

ちょうど私と初子が結婚した1975年、東芝は12ビットマイクロプロセッサーの「TLCS―12」を本格的に実用化していた。米フォード・モーターの車に搭載するエンジン制御用に開発されたもので、米国で厳しくなっていた排ガス規制に対応する目的だったが、用途は自動車に限らず産業界に広がっていく様相を見せていたのだ。

集積回路の進化がコンピューターの小型化を促し、大型で用途を特定しない汎用型のメインフレームから、小さな会社に使われるオーダーメード型へと進化していた。その先に待っていたのが誰もがコンピューターを当たり前に使うような時代の到来だ。膨大な特許資料の束と向き合ううちに、時代の転換期が押し寄せようとしていることを、私はひしひしと感じていた。

そんなときに初子の会社の先輩が独立することになった。初子も誘われたのだが、その際に考えた。それまでの私は大きな企業でサラリーマンとして働くことしか考えていなかった。西芝の仕事に不満はない。でも、それだけが人生だろうか――。

ある日のこと。

初子を取引先まで車で送った帰り道。幹線道路の国道2号だった。過ぎゆく景色を眺めつつ、ハンドルを握りながらこんなことを考えた。このときの光景は生涯忘れないだろう。

「あの電気屋さんも、この洋服屋さんも決して大企業じゃない。日本を支えているのは、こういう小さな会社なんだ」

新婚時代に初子（左）と

では、自分はどう生きるべきだろうか。29歳にして決断のときが迫っていた。

独立

あれは1978年の秋のことだ。妻の初子がなにやら電話で話している。相手は徳島市にある実家の祖母・義子さんだった。

「さっき、おばあちゃんと話したんやけどね」

受話器を置いた初子が私に話しかけてきた。私はベッドに腰掛けたまま聞いていたのを覚えている。祖母は「そろそろ徳島に帰ってきたらどうか」と言っていたという。以前に紹介したとおり、祖母は私と初子の結婚を最後まで反対していた人だった。

それだけならともかく「これからは四国でもコンピューターが使われるようになるから」とも。商家に育った義子さんは鼻の利く人だった。

「そんなに簡単やないのにね」と初子。彼女はオフィスコンピューターの代理店で働いており、営業マンたちが四苦八苦しているのを間近で見ている。初子は何の気なしに祖母との会話を伝えたつもりだったが、私には心中、思うところがあった。

「俺、やってみようかな」

「えっ、なんで?」

初子が驚いた表情で問い返してきた。よほど意外だったようだ。私はこんなふうに答えたはずだ。

「おばあちゃんの言うとおり、これからコンピューターが広がるのは間違いない。それに賭けてみたいんや」

実はずっと考えていたことだった。初子の実家がある徳島市の近くには四国を流れる大河・吉野川の河口がある。そのほとりに立って考えたことがある。

「この時代の大きな川の流れとはなんだろうか」

私の答えはコンピューターだった。半導体など技術の進歩はめざましい。これからどんどんコンピューターと縁がなかった人たちのあいだに広まり、誰もがコンピューターなしには生きていけない時代が始まろうとしている。私はそんな大きな流れのほんの始まりに立っている。

ならば、流れに飛び込むべきじゃないか。泳ぎがうまいか下手かは問題ではない。この流れに飛び込めば、うまくいけば木でも流れてくるだろう。なんとしてでもそこにしがみつくのだ。木にまたがって自分の手で漕いでやろう。そうすれば時代の流れよりもっと速く進めるじゃないか。そう、俺の人生はこの吉野川みたいなものだ。

私はそんなふうに考えた。姫路でサラリーマンを続ければいつか後悔するだろう。

また、こんなことも考えた。あれは大学1年の夏休みのことだ。知り合ったばかりの初子の実家に遊びに行くと、地元の大学生に交じって徳島名物の阿波踊りに参加した。頭上で手をはためかせ、音楽に合わせて無心で踊る。ただそれだけだが、なんとも気持ちがいい。阿波踊りといえば有名なのがこの言葉だ。

「踊るあほうに見るあほう、同じアホなら踊らにゃソンソン」

まったくそのとおりだ。同じアホなら踊らないでか。時代が大きく動こうとしているいま、傍観者でいるより勇気を振り絞って流れに飛び込もう。初子は「難しい仕事やで」と諭したが、私は腹を固めた。

阿波踊りに参加する筆者（1990年）

年が明けて正月に初子の実家に行くと、地元の銀行の支店長だった義父が地元の経営者たちが集まる新年会に誘ってくれた。そこで皆さんにコンピューターを導入しているか尋ねると、8割ほどが未採用だが関心があるという人が多かった。やはり私の考えは間違っていない。

こうして私は6年勤めた西芝電機を辞めて独立することになった。

営業研修

西芝電機を辞めて独立したのが1979年4月のことだ。妻・初子の実家がある徳島に拠点を置いて、オフィスコンピューター（オフコン）を地元の企業に売り込もうと考えた。私たち二人が販売契約を結んだのは日本ビジネスコンピューター（現JBCCホールディングス）だった。

初子の父・昭さんが地元の銀行に勤めていたことは何度か触れたが、義父の親類には東芝の役員の方がいた。その方からＪＢＣＣ創業者の谷口数造さんを紹介していただいたのが縁だ。

谷口さんにＪＢＣＣの販売代理店をやりたいとお願いすると、こう聞かれた。

「ところで浮川さん、営業の経験はありますか」

「いや、まったくありません。西芝では設計一筋ですから」

「じゃ、納品書って何かわかりますか」

「え、納品書ですか？　スーパーのレジでもらう紙のことですか」

これでは話にならないということで、徳島に行く前に大阪のＪＢＣＣの営業所で3カ月間、営業の研修を受けることになった。初子と一緒に大阪の中心地、天神橋筋に部屋を借りていざオフコン営業の武者修行である。ありがたいことに「もし受注できたらあなたの会社の売り上げにしてあげよう」とも言っていただいたので、「さあ、やってやるぞ」と意気が上がる。

だが、それもつかの間だった。私の研修を担当する営業マンに、あるビルの前に連れて行かれた。

「このビルの上から下まで全部の会社に飛び込み営業をかけてください」

アポなしでしらみつぶしで売り込めというのだ。躊躇《ちゅうちょ》している暇はない。言われるがままに1社ずつを回ったが、結果は散々だった。

「総務部長様に会わせていただけないでしょうか」。そう言って頭を下げても、ほとんどが受付で門前払いだ。そんな日が何日も続いた。朝から夜まで飛び込み営業の日々が続く。ごくまれに少しだけなら話を聞いてもいいという会社があった。「しめた！」と思い、喜び勇んでオフコンの話をしても、最後はあっけないものだ。

「ご苦労さまですが……」

受注どころか商談の入り口にも立てない。それが正直なところだった。

ただ、心が折れたかと言われれば、そうでもない。心が折れるということはどこかに自信があるからで、当時の私には何もなかったのだ。

受付の人と少しでも話ができれば、それだけで自分のなかでは小さな前進である。担当の方にオフコンのカタログを見てもらい、話ができれば大いなる前進だ。私には失うものはなにもなかった。そう考えれば不毛に見えるかもしれない飛び込み営業の毎日にも、何かプラスになるものはあるはずだ。そんな思いで毎日を必死に生きていた。

ただ、そうは言っても私たち夫婦にとって勝負の地は、大阪ではなく徳島である。二人で話し合ったうえで研修を2カ月で切り上げて徳島に行くことにした。

私たちの会社の名前は「ジャストシステム」。大きくも小さくもなくちょうどよいという意味だ。本社は初子の実家の応接間。オフィスらしいものは何もないゼロからのスタートだ。私が社長で初子が専務。夫婦二人きりでの船出である。いつか社員が30人くらいにでもなったらすごいことだなと考えていた。

徳島で創業

妻・初子の実家があるのは徳島市の中常三島町という町だ。吉野川の河口に近く、すぐ隣には徳島大学のキャンパスがある。玄関脇にある応接間がジャストシステムの最初の本社となった。

本社は妻・初子の実家だった

ソファや机、電話があるだけで、特にオフィスらしいものがあるわけではない。少ししてからコンピューターを置いたが、当時のものはいまと違って机ほどの大きさでドーンと場所を取るため、それだけでもう応接間は手狭になってしまう。

創業記念日は1979年の7月7日。七夕の夜に橋本家の皆さんと家で食卓を囲んでいるときに、私が「きょうを創業日にしよう」と宣言したからだ。

前回に触れたように初子と二人で創業したジャストシステムは、JBCCと代理店契約を結んでいた。JBCCのオフコンを地元の企業に売り込むことが私の仕事だ。

大阪での営業研修と同様にまずは足を使ってのどぶ板営業だ。カタログを持って地元企業を片っ端から回っていく。「総務部長さんにお会いできないでしょうか」。そう言って受付で頭を下げてお願いする。そこから先へは、なかなか進めない。

ここまでは大阪時代と同じだが、違うのは何度でも同じ会社に行くということだ。門前払いのようにあしらわれても「失礼しました。また来ますので」と言って笑顔で引き下がる。それを何度でも繰り返すのだ。

会社を立ち上げて最初にやったことは車の買い替えだった。姫路でのサラリーマン時代は青の車に乗っていたのだが、それでは営業車ぽくないだろうということで白のシビックに替えた。私はホンダ車が好きだったからだ。

そんな毎日が過ぎていったが、もうひとつ大阪時代と共通していることがあった。受注どころか商談が軌道に乗る感触すらつかめないということだ。何日かに一回くらいは「それなら話を聞きましょう」と言ってくれる。でも、そこから先に進めない。

当時のオフコンは1台1000万円以上もするような高額商品だ。話を聞いてもらっても、なかなか成約には至らなかった。

会社といっても私と初子の二人だけ。家に帰ればいつも妻の祖母・義子さんと世間話だ。私が「きょうもダメでした」と言うまでもなく、おばあちゃんは察してくれたのだろう。いつも「おかえり、かずさん。きょうはこんなニュースがあったよ」と話題を振ってくれる。

明治生まれのおばあちゃんは女学校を出て実家の米屋の経営も手伝っていたことから、経済に明るかった。そもそも徳島に帰ってコンピューターの仕事をしたらどうかと言ってくれたのも、このおばあちゃんだ。初子との結婚には最後まで反対されたが、いざ夫婦となり起業すると、ずっと支えてくれた。

当時のオフコンと

それでも、受注が取れない毎日がただただ過ぎていく。

「いつまでこれが続くのか。本当にこのままこの仕事を続けていて大丈夫なのか」

徐々に追い詰められていく。たまにカタログを見てくれる会社と出合ってなんとか精神状態が保たれる。それでも商談が先に進むことはなく、また振り出しに戻るのだ。

出口が見えない暗いトンネルのなかを歩き続けるような毎日に光が差したのは、徳島に来て半年後のことだった。

オフコン

「これからは四国の中小企業もコンピューターを取り入れていく時代になるはず」

そう考えて６年勤めた西芝電機を脱サラし、妻の初子とともにジャストシステムを立ち上げたのが１９７９年のことだ。意気揚々と徳島でオフコンの営業を始めたが、１台も売れない日々が半年も続いていた。

カタログと手書きの提案書を持ち、白のシビックで地元企業をどれだけ回ってもなしのつぶてだ。我々が扱うオフコンは当時としては珍しくカタカナだけでなく漢字も使える利点があったが、価格はざっと1000万円。導入しようという会社は、そうそう現れなかった。

私が会社を辞めたのが29歳。「35歳までやってダメだったら」と考えていたが早々に厳しい現実を突きつけられた。営業に回るためのガソリン代だけがかさんでいく日々が半年ほど過ぎたころのことだ。

私が出合ったのが吉成種苗という種や農業用品を売る地元の会社だった。その会社がちょうどビニールハウスの設計、見積もり、建設のすべてを請け負うという仕事を始めていた。

吉成種苗の営業マンは日ごろから、農家が仕事を終えて自宅に帰るころを見計らって商談に行く。その後に会社に帰って書類をつくるころにはもう夜も遅くなっている。

特にビニールハウスとなると一年のなかでも設営する時期が決まっているので、その時期には大変な忙しさになる。そこでオフコンを使って仕事を効率化できると提案した。本業の種苗は漢字が多く、ＪＢＣＣの強みも生かせると思った。

私にとって運が良かったのが、当時の専務の方が京都大学の出身でオフコンのような新しい技術に関心を持ってくれたことだ。私の説明を聞くとすぐに「じゃ、見積書を持ってきて」と言ってくれた。

「え、本当に？」

思わず耳を疑った。それまでの商談でも見積書の提出まで行くことはあったが、こんなにすんなりとオフコンの効果を理解してもらえたことはなかったからだ。だが、このときはとんとん拍子だった。

正式に契約してもらった日のことは生涯忘れない。ジャストシステムのオフィス、つまり初子の実家に戻り台所の扉を開けると彼女の祖母・義子さんがいた。

「注文もらいましたよ。売れました！」

開口一番、そう言いながら涙が流れる。おばあちゃんも涙が止まらなかった。初受注に成功したことを知った初子も泣き出してしまった。

実はこのときの契約はソフトも込みで、８５０万円ほどで受けた。通常より大幅に値引

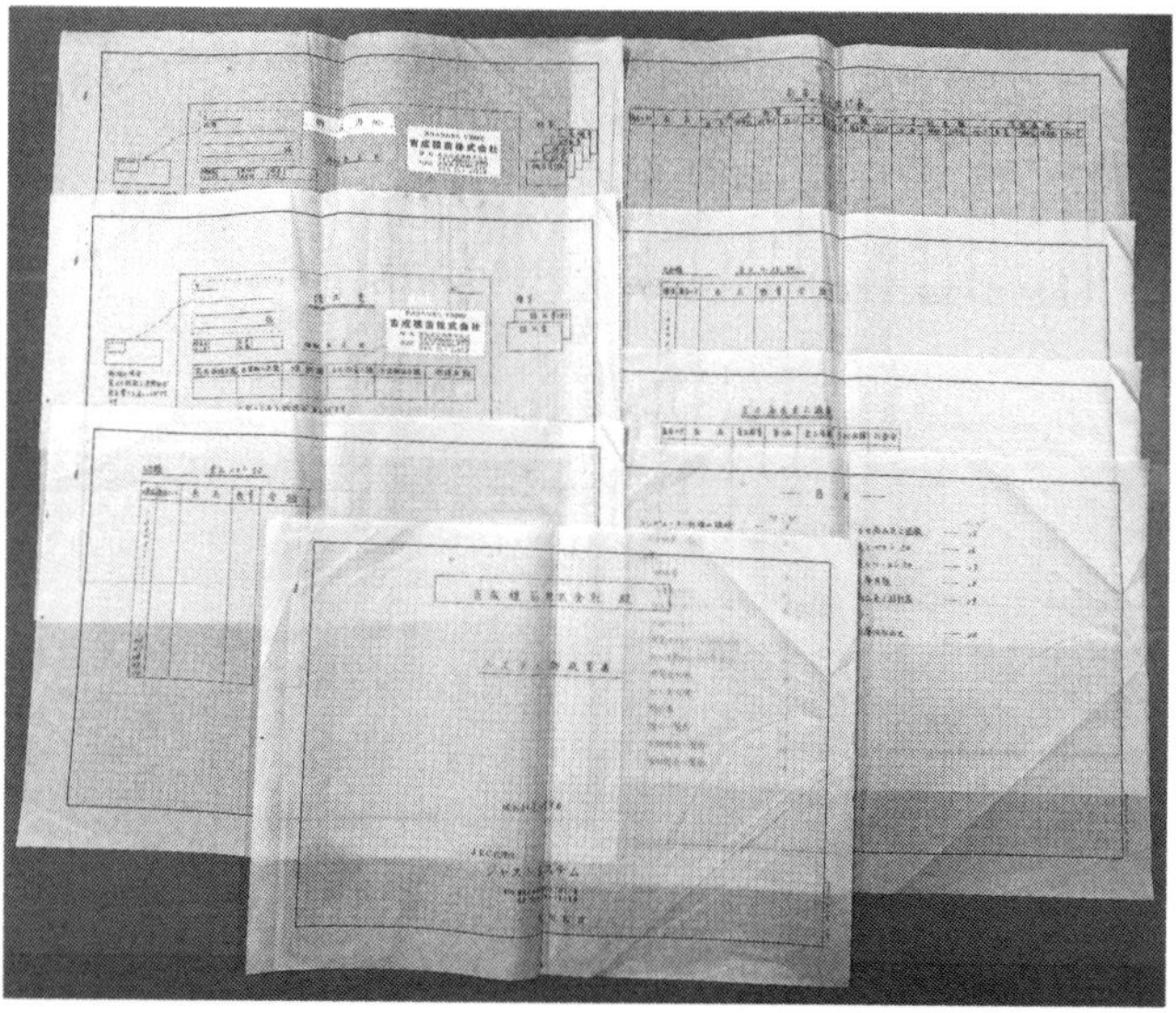

手書きで作成した吉成種苗への提案書は今も大切にしまってある

きしたが、それでもようやく暗いトンネルを抜けたのだ。

受注第2号は初子の母・陽子さんのおかげ。地元の俳句の会でこんな句を詠んだそうだ。

「物思い　寝つかれぬまま　蚊帳の中」

我々二人の仕事が思うようにならず、心配でお母さんも寝付けないという意味だ。それを知った俳句友達のご主人が建設会社を経営しており、電話をいただいた。そこから商談がまとまり、めでたく契約となった。

私が売り、プログラマーの初子がお客様の要望を取り入れたオーダーメードのシステムをつくり上げていく。その後も変わらぬ夫婦の役割分担が、徐々にではあるが回りはじめたのだった。

パソコン登場

創業翌年の1980年には徳島駅の近くの「中西ビル」に事務所を借りることになった。

妻・初子の実家の応接間からの移転である。ようやく会社らしくなったとはいえ、社員はまだ社長の私と専務の初子の二人だけ。それでもれっきとした会社だ。

「おはようございます」

毎朝一緒に出社すると、二人だけのオフィスで立ち上がって互いにお辞儀する。そうやって気持ちを切り替えるのが二人の日課だった。

オフコンの仕事はなんとかリース契約が取れて回りはじめてはいたが、正直なところ限界も感じはじめていた。時代はコンピューターを必要とするはずなのに、思うようには売れない。「私の営業の力が足りないばかりに……」。そう考えることも度々だった。

一方、1980年代に入るとコンピューターを取り巻く環境が大きく変わりはじめていた。大型のコンピューターだけでなく個人が使う卓上サイズのマシンが登場していたのだ。

米国で世界初のパソコンと呼ばれる「アルテア8800」が開発されたのが1974年のこと。日本でも8ビットパソコンが登場した。たとえば、1979年に発売されたNECの「PC―8001」が多くのユーザーを得ていった。

1981年には大阪のでんでんタウンに上新電機が3フロアからなるパソコンの大型店

「中西ビル」のオフィスにて（中央が筆者）

をオープンさせたが、性能も用途もいまのパソコンとはまったくの別物で、世の中で広く使われるようなものではなかった。

私は早くからパソコンを入手して、BASICというプログラミング言語で簡単なゲームをつくったりしていた。当時のソフトウエア開発者たちの多くは、パソコンはまだまだ未熟で非力な機械だと評価していたようだが、私はその進化が世間で思われている以上のスピードで進むと確信していた。

2023年3月に亡くなった米インテル創業者のゴードン・ムーアさんが有名なムーアの法則を初めて雑誌に投稿したのが1965年のことだったという。当初は「半導体チップに載るトランジスタの集積度は毎年2倍になる」という内容だったが、10年後の1975年に「2年ごとに倍増する」に変更した。この「2年で2倍の法則」は、その後のコンピューターの進化を予見するものとして広く知られている。

実際にほぼ的中している。一言で言えば、コンピューターはムーアさんが見通したとおりに猛烈な進化を見せてきたのだ。

私もまた、コンピューターの進化を予見したひとりだった。当時はまだまだ一部の人たちのものだったが、いずれは「一人に一台」の時代が来るだろう。そうなったときに、パソコンには何が一番求められるだろうか。そんなことを徳島にいながらじっと考えていた。

当時、日本では文書をつくるといえば、ペンで手書きするのが当然だった。日本語のタイプライターも存在したが、専門のタイピストが写植を一文字ずつ打ち込んでいた。

特にやっかいなのが漢字だ。当時は漢字のひとつずつに英数4文字のＪＩＳコードが割り振られており、そのひとつずつを入力する必要があった。たとえば「入力」なら、「467Ｅ（入）」に「4Ｅ4Ｆ（力）」だ。

文章を書くためにはこのＪＩＳコード表を調べながら、漢字を一文字ずつ入力する必要がある。現代のパソコンに慣れた方々からは想像もできない気の遠くなるような作業だろう。

これではとてもパソコンで文書をつくろうなどという気にはならない。膨大な数の常用漢字をいまのキーボードタッチのような感覚で入力できるなど、思いもつかない時代だ。

1979年には東芝が日本で初めてのワープロ「ＪＷ―10」を発売したが、価格と大きさはオフコン並み。とてもではないが、一般のユーザーの手に届くものではなかった。

私は、誰もが簡単にパソコンで文章がつくれるような日本語ワープロをつくりたいと考えるようになった。そうすれば日本人の知的生産性を飛躍的に高められるはずだ。

思うようにオフコンが売れないなかで、私はひとり、そんな考えを巡らせるようになっていた。

第3章

一太郎誕生

かな漢字変換

我々が起業にあたってＪＢＣＣのオフコンを扱うことにしたのは、人の縁もさることながらＪＢＣＣのオフコンで漢字が使えたということが大きかった。徳島のような地方では、漢字が使えないと話にならないと考えたのだ。

卓上のマイコンを前に日本人の誰もが文章を推敲する。そんな使われ方を実現するためには、ＪＩＳコード表とにらめっこするような作業は論外だ。

パソコンより前の時代のコンピューターは、メーカーが独自に開発した基本ソフト（ＯＳ）を搭載していた。パソコンになると米マイクロソフトの「ＭＳ―ＤＯＳ」などが使われるようになっていた。

初子は前職でオフコンのＯＳ開発に参加していたこともあり「日本語の入力をＯＳのレ

ベルで組み込めないか」と構想していた。これが実現すれば、専門家に委ねていたかな漢字変換が誰でもできるようになる。画期的なことだ。

こんなアイデアを温めていたときに、徳島市の体育館で工業展示会が開かれることになった。我々ジャストシステムも出展したのだが、そこに取引関係があったロジック・システムズ・インターナショナルの営業部長が視察にやって来た。同社は基本的にコンピューターを直販していたが、このころは私たちジャストシステムが唯一の販売代理店となっていたのだ。

東京から来たその部長に私は、日本語のかな漢字変換ソフトの必要性を説いた。

「うちのような田舎だと、どうしてもお客さんに求められるんですよ。御社でも用意してくださいよ」

だが、彼は大手商社から転じてきたこともあり、「技術のことは私ではわからないので、東京に来てうちのエンジニアに説明してもらえませんか」と言う。東京では技術を預かる初子が説明したが、キチンと伝わっているのかどうか……。

すると、我々が徳島に帰ってからオフィスの電話が鳴った。ロジック・システムズの営業部長からだった。

「ご説明いただいたソフトですが、うちのエンジニアは『あの人たちでできるんじゃないか』と言うんですよ。自分たちも忙しいし、と」

私は受話器をおさえて、隣に座る初子に聞いた。

「自分たちでできるかって聞いてるけど、どう？」

初子の答えは「できるよ」と、明確にして簡潔なものだった。

「うちの専務が『できる』って言ってます」

私はそのまま伝えた。

こうして、オフコンの販売代理店だった我々ジャストシステムは、日本語ワープロソフトの開発を始めた。初子が構想した「ＯＳレベルで日本語を入力する方式」を提供する会社へと変貌を遂げたのだ。

初子にＯＳ開発の経験があり、パソコン向け汎用ＯＳが出はじめた時期に呼応した日本語入力の構想。そこにハードメーカーとの接点を得た。千載一遇のチャンスである。

１９８２年夏のことだ。

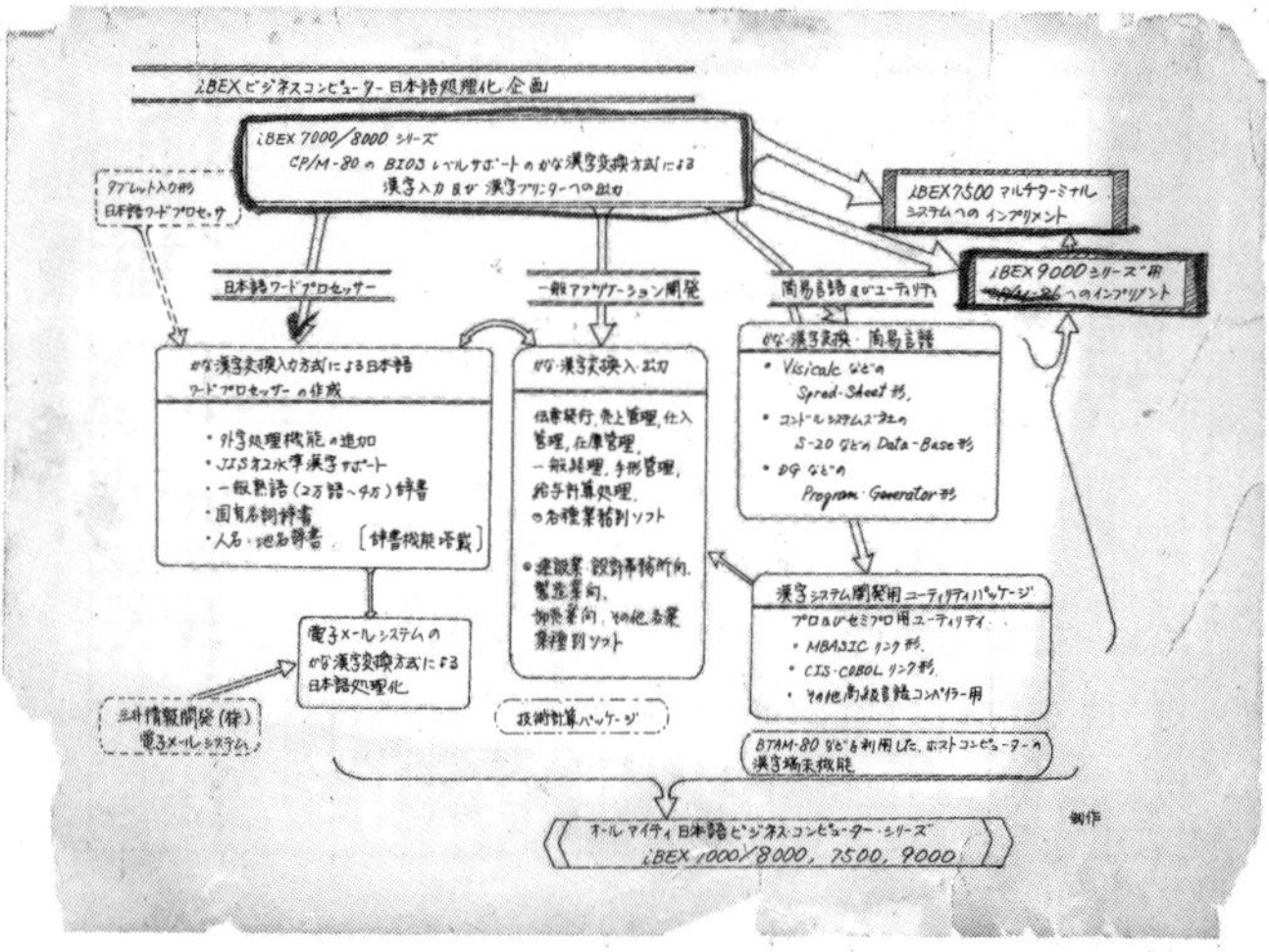

手書きで作った当時の企画書

このころにはすでにジャストシステムは株式会社化しており、ソフトをつくるエンジニアも採用していた。一方で初子は日本語入力の開発に専念していた。

この成果をその年の秋に東京で開かれたデータショーで公開すると、大変な話題となった。

そして、ひとつの出合いが待っていた。当時のコンピューターソフトのガリバーであるアスキーマイクロソフトだ。

展示会で発表

取引先であるロジック・システムズ・インターナショナルとのやり取りから生まれた「ＯＳレベルでの日本語入力」をデータショーで発表すると反響を呼んだ。ブースに米ＩＢＭの研究員が続々と押しかけてきたものだから、我々も驚いていた。ただ、開発を担う初子にはちょっとした懸念材料があった。

そのころには我々ジャストシステムは、オフコンの販売だけでなく酪農管理など業務用ソフトの開発も手がけるようになっていた。

ちなみにその作成に使っていたプログラミング言語は「マイクロソフトＢＡＳＩＣコンパイラー」だった。初子は「ひょっとしたらマイクロソフトに利用料を払わないといけないかも」と言う。そこで初子は東京のアスキーマイクロソフトに電話した。

「あ、四国の方ですか。ちょっと待ってください。いま古川に代わりますので」

そうして電話に出たのが古川享さんだった。後の日本マイクロソフト初代社長。古川さんは初子の説明に、「みんな勝手に（ＢＡＳＩＣを）使っているのに、あなたたちは正直ですね」と答えたという。古川さんが関心を示したのは利用料ではなく、初子の開発だった。

四国のどこかにあるロジック・システムズの代理店が日本語の入力システムを開発したという話は、古川さんの耳にも届いていたのだ。

「そうです。徳島のジャストシステムです」

初子が答えると、古川さんは日本語入力について色々と質問してきた。そして最後に

日本語入力搭載の「NCR9005」を公開した

「一度、うちにも遊びに来てくださいよ」と言われた。

東京に行った際にアスキーを訪問すると、古川さんは不在だった。マイクロソフトの本社がある米シアトルに急遽、出張することになったという。代わりに対応してくれたのが、入社して4日目という人だった。その方が成毛眞さん。後に古川さんの後を継いで、日本マイクロソフトの2代目社長になった方だ。

さすがに入社直後とあって、このときは成毛さんと深い話ができたわけではない。ただ、これはもう少し後のことになるのだが、初子は成毛さんから貴重なヒントを得たことをいまでもはっきりと覚えているという。

「もっとニュートラルな、誰でも使える普通のワープロをつくらないといけないんじゃないですか」

初子が開発した日本語入力システムを発展させ、我々は、大ヒット作となった「一太郎」を世に送り出した。

特別なキーを使わず、当時の日本語入力では使われていなかったスペースキーで変換する。私は辞書を担当した。新聞などから単語を洗い出し、よく使われるだろう順に自分の感覚で並べ直した。

私たちの思惑どおりに「一太郎」は多くの方々に受け入れられ、当時のパソコンを使う誰もが手を触れるソフトとなった。時代が流れ1990年代後半になると、マイクロソフトが日本市場で攻勢をかけはじめた。私たちの前に立ちはだかったワープロソフトが「Word（ワード）」だった。

その販売手法について思うところはあるが、結論から言えば「一太郎」は「ワード」に敗れた。ただ、「一太郎」の誕生の過程でライバルとなるマイクロソフトの幹部からヒントを得ていたことは知られざる事実だろう。因縁と言えばそれまでだが、運命とはかくも皮肉なものか。

ワープロソフト

1983年春に東京・晴海で開かれた展示会にブースを出展していたアスキーマイクロ

ソフト。その裏スペースを借りていたのが我々ジャストシステムだった。

開発中だった日本語ワープロの「光」を、アスキーのブースに立ち寄った関心のありそうな人たちに見せるのが目的だった。

まだまだ展示会場でデモができる完成度ではなかったし、秘密性の問題もあったので、ブースの裏についたてで仕切ったスペースを確保してもらったのだ。我々ジャストシステムは徳島の小さな会社。東京ではまったくの無名だ。大型商談につながればいいなと思ったというよりは、誰かの目に留まればいいかな、という程度の考えだった。

多くの方々がこの裏スペースに来てくれたのだが、そのなかでもとりわけ興味を持ってくれたのがNECだった。しばらくして、アスキーから連絡が届いた。NECが開発中のパソコンに採用するという。

ただし、納期を聞いて驚いた。「10月には店頭に並べます」という。逆算すれば開発期間はせいぜい3カ月しかない。それでも我々にとっては願ってもないチャンスだ。逃すわけにはいかない。こうして始まったのが、「一太郎」の前身とも言える「JS—WORD」の開発だった。

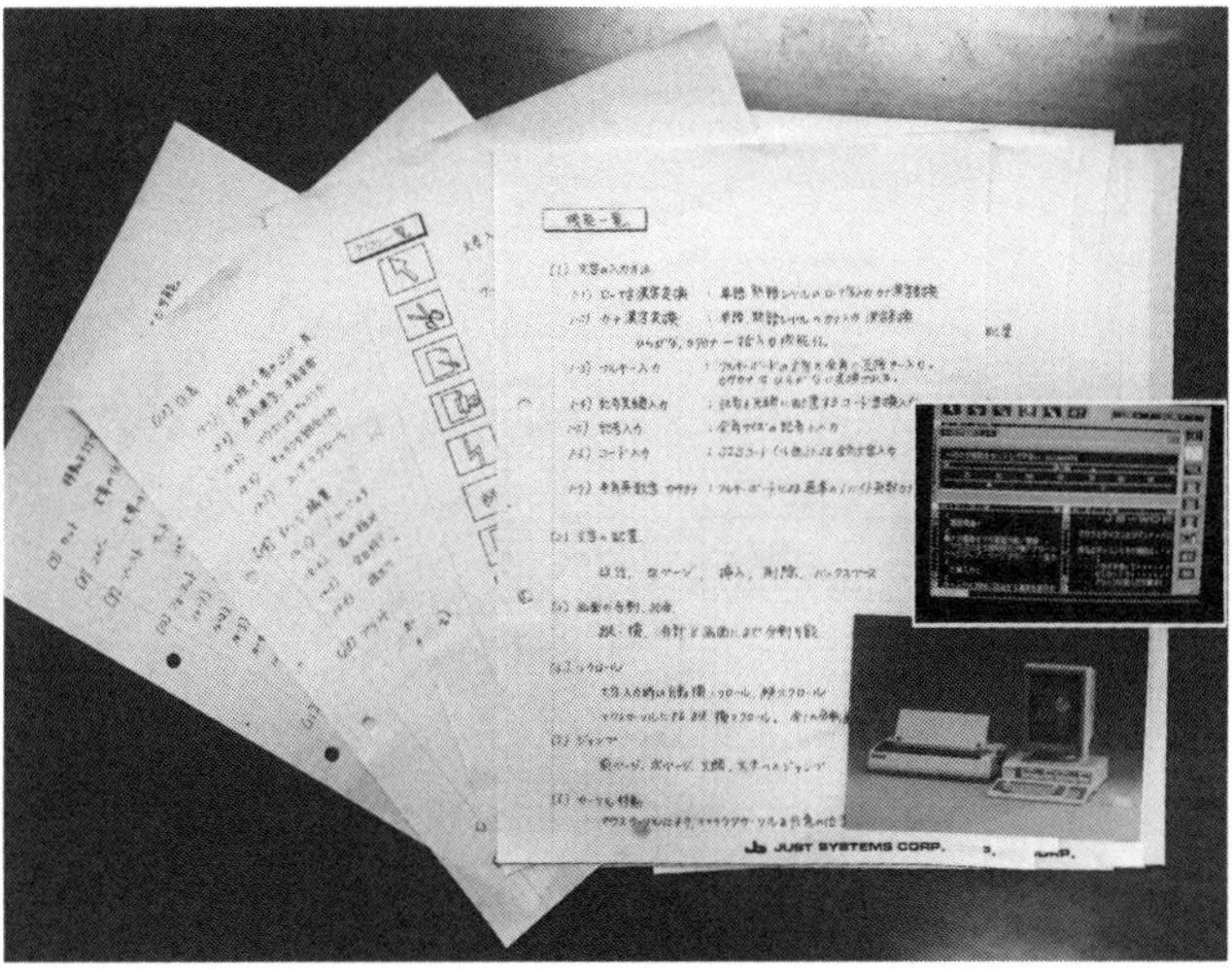

JS-WORD の設計書

その中心的な役割を担ったのが、ひとりの学生アルバイトだった。

ある日、私が北海道出張から帰ると、机の端に細身の学生がちょこんと座っていた。専務の初子に「彼は？」と聞くと徳島大学歯学部の2年生だという。「それが、すごい優秀なのよ」とも。

初子が試しに簡単なソフトをつくらせてみると、すぐに飲み込んだのだという。彼が後にジャストシステムの開発陣を率い、私の後継にも指名した福良伴昭君だ。私は営業を担当しており、開発陣を率いるのは専務の初子だ。私からすれば当時は「優秀なアルバイトがひとり増えてよかったな」という程度の認識だったが、まさか彼が「一太郎」誕生に欠かせない中心人物となり、後に後継者に指名することになろうとは、このときにはまったく想像ができなかった。

当時は、初子はオーダーメードシステムなどの開発にも時間を取られていた。「JS－WORD」はジャストシステムで初のワープロソフトになるが、初子に言わせれば「もしあのとき、福良君がいなかったらやっていなかった」という。

西芝電機にいたとき、東芝のさまざまな技術情報に触れる機会があり、同社が世界初の日本語ワープロ「ＪＷ－10」を１９７８年に発売したことも私は知っていた。日本語を清書できるワープロソフトは日本人にとって有益なものなので、以前から私が初子につくりたいと言っていたものだが、初子ら開発陣はオーダーメードソフトのほうに時間を取られて手が回らない。そこに驚くほど飲み込みが早い福良君がアルバイトでやってきた。初子は「彼に何かやらせないともったいない」と考えたのだという。

こうして始まったワープロソフトの開発。プログラミングするのは初子や福良君などの技術者だ。徹夜続きの毎日。みんな若いので、力尽きるとそのまま床に寝転んでしまう。そんな彼らのサポートも私の仕事だった。明け方になると当時、近くに1軒だけあった24時間営業のスーパーに買い出しに行く。朝食をつくり、朝7時になると人数分をオフィスの長机に並べた。

夏になると窓の外から聞こえてくるのが阿波踊りの音色だった。当時のオフィスの目の前が踊りの演舞場だったのだ。

阿波踊りの本番に向けての練習が始まった。パソコンに向かって無心にキーボードをたたく若者たち。窓の外からは、にぎやかな楽器の音と囃子《はやし》の声が聞こえてくる。

普通なら「うるさいな」と思うかもしれないが、私以外は皆、徳島で生まれ育った者たちだ。まったく気にする様子もなく作業を進めていたことが記憶に残っている。そもそも、うるさいと思う余裕すらなかったと言ったほうがいいのかもしれない。

こうして完成した「JS－WORD」。マスターが完成すると私は始発便に間に合うように車を走らせて徳島空港に向かった。羽田空港からはバイク便でアスキーに送ってもらうよう手配していた。プログラミングの手を動かしていたのは開発陣だが、私も連日ギリギリのスケジュールで働いていた。マスターを配送し、徳島空港からオフィスに戻ろうとすると強烈な睡魔が襲ってきた。私はそのまま車中で寝込んでしまった。

オフィスに戻ると社員たちが心配そうな面持ちで迎えてくれたことを覚えている。ともかくこうして、ジャストシステム初となるワープロソフトを生み出した暑い夏は終わった。オフィスでささやかなお祝い会を開いたのだが、乾杯の発声の後には初子も福良君も涙を浮かべていた。

ただし、結論から言えば「JS－WORD」はそれほどのヒットにもならなかった。搭載されたパソコンがNECの「PC－100」という機種だったからだ。NECがすでに販売していた「ＰＣ―９８０１」のほうが大ヒット商品となったことが響いた。

ワープロソフトの開発を打診された時点で、ＮＥＣの社内で「ＰＣ―１００」と「ＰＣ―９８０１」の開発が動いていたそうだが、それは後々になってわかったことだ。

もっとも、その後すぐに我々も「98シリーズ」に対応するワープロソフトを開発して事業が軌道に乗りはじめた。

話は少し遡り、「光」を開発していた１９８３年初春のこと。初子と福良君を連れて東京に出張に行ったことがある。旧赤坂プリンスホテルの最上階のラウンジでグラスを傾けながら、私はこんなことを二人に話した。眼前には東京の夜景が広がっている。

「ここから見えるビルの明かりの全部で使われるようになったらいいよな。どうせなら日本一を目指そう」

夢物語と言うなかれ。「一太郎」の誕生で私の野望は実現していくのだ。

一太郎

「JS―WORD」のバージョン2を出した後のことだ。開発のキーマンだった福良伴昭君が突然、会社に来なくなってしまった。

我々がつくった「JS―WORD」だったが、当時はアスキーのブランドで販売していた。福良君は「自分たちでつくったソフトなのに、なぜ自分たちの名前で売れないのか」と周囲に漏らしていたそうだ。

当時は我々もお金がなかった。宣伝して販売店に売り込むというのはハードルが高いと思っていたが、福良君が言うことももっともだった。

「せめて半分でもジャストシステムのブランドで売れないですか」

アスキーに問い合わせたが、「それは無理です」とつれない返事だった。私にも自社ブランドで売りたいという強い思いがあった。

「JS―WORDはマウス主体で先進的だけど、普及するのはもっと誰でも使えるようなワープロだと思う」。先に触れたとおり、アスキーマイクロソフトの成毛さんが言っていたことが、初子には気になっていた。

そのときに日本IBMから、新しいパソコンにワープロソフトを搭載する話が舞い込んだ。これが1984年の「.jX－WORD」だ。そこからNEC「PC－9801」対応の「.jX－WORD太郎」が生まれ、その後継の「一太郎」と続く。それまではマウス操作を前提にしていたが、「一太郎」は、マウスを使わなくてもキーボード操作だけで完結するようにした。より簡単にパソコンで日本語を書くためだ。

いずれも1985年に発売した。ジャストシステムの代名詞となる製品だ。

「太郎」という名前には、ひとかたならぬ思い入れがあった。学生時代に家庭教師で教えた高校生のうちのひとりの名前が「太朗」だった。

彼も優秀な子で成績はよく、関西の大学に進学した。私が初子とともに徳島で起業し、まだオフコンを売っていたころのある日、彼が亡くなったという連絡が入った。

その日は暑い日だったそうだ。近所の子どもたちを連れてフィールドアスレチックに出かけた翌日、起きてこなかったのだという。太朗君は優しい子だった。悲しくて仕方がない。それから私は、いつか「これは」というものを開発したら、そのときは彼の名を借りようと考えていた。

ところが、ひとつ問題が浮上した。太郎という名称は、すでに三洋電機が掃除機で使っているという。三洋に問い合わせると「我々としては問題ないんですけど」と言うものの、その掃除機の商標を沖電気工業（ＯＫＩ）に貸し出すことになったので、「金太郎でも桃太郎でもいいので、ちょっとだけ名前を変えてもらえないですか」と言う。

そこで考えた。自社ブランドで勝負していくこのワープロソフトは、ジャストシステムの命運を握る製品だ。それだけの技術を盛り込んだ自負もある。

「太朗君。俺たちは日本一になるぞ」

そんな願いで名付けたのが「一太郎」だった。パッケージは赤色に白の書。この字は私が書いた。デザイナーの文字に納得がいかなかったのだ。大学時代に書道研究会では準師範で、書には少し自信もあった。オフィスに硯《すずり》と筆を持ち込んで、亡くなった教え子に心を込めて書いた。

こうして生まれた「一太郎」は発売直後から大ヒットした。電気店の店頭には真っ赤な

「一太郎」の文字は自筆した。パッケージと自筆の文字

一太郎のパッケージがびっしりと並べられていった。

ところで販売力のない我々がアスキーに頼らずに、どうやって全国の販売店に「一太郎」を並べられたのか。私たちが出合ったのが、日本ソフトバンク（当時）という生まれたばかりの会社だった。

大ヒット

日本一を期して発売した「一太郎」は1年足らずで3万本を突破した。当時のパソコンソフトとしてはケタ違いの大ヒットだ。

ユーザーから受け入れられた理由はいろいろとあるかもしれないが、やはり使い勝手のよさではないだろうか。肝心のかな漢字自動変換は「連文節変換」といって、ひと文字ずつではなく、ある程度まで文章として打ち込んでから変換できるようにした。

独自に開発した変換システムは現在も使われている「ATOK」に進化させた。膨大な数の漢字を調べていき、たとえば「かんじ」と打つと、「漢字」「感じ」「幹事」などと表示される。利用の頻度や文章からふさわしい「かんじ」の順を自動で選ぶのだ。それを当時のパソコンではあまり使われることのなかったスペースキーで入力する。

一言で言えば、いま皆さんが使っている日本語入力のシステムをつくり上げたのだ。しかも、他社のソフトでも使えるようにした。いまでは当たり前に思われるかもしれないが、1980年代半ばの当時は、そのどれもが画期的だったと自負している。私たちが自ら構想したもので、商品としてつくり上げていったのが、初子が率いるエンジニアたちだった。

もうひとつの秘訣が、続けざまに打ち出したバージョンアップだろう。他社が追いつけないように、どんどん進化させる戦略を採ったのだ。

そんな「一太郎」を販売面で支えてくれたのが、日本ソフトバンクだった。コンピューターソフトの卸売りで創業したばかりだったが、このころはまだゲームが多かった。ワープロのようなビジネスソフトに本格的に進出しようと考えていたようで、彼らにとっても「一太郎」を扱うメリットは大きかったのだろう。

創業者の孫正義さんは当時、慢性肝炎からの病み上がりで、他の方に一時的に経営を託していた。孫さんが社長に復帰した1986年は、すでに「一太郎」の販売が軌道に乗り

孫正義さんとはよく一緒にゴルフをした
（左が筆者、1993 年）

はじめたころだ。

孫さんとは公私ともに付き合いが長いが、私の数少ない趣味と言えるゴルフにお誘いしたのが、このころのことだ。最初は、孫さんは「ゴルフってちょっとぜいたくな遊びですよね」と言って敬遠していたが、私は「体育だと思ってやればいいんですよ」とアドバイスした。病み上がりだけに体力強化にはもってこいだと勧めたのだ。

そんな経緯で、孫さんとは徳島でも東京でもよくゴルフをともにした。私は1990年から、孫さんが立ち上げた、当時「パソ協」と呼ばれていた現ソフトウェア協会の会長を務めた。いつだったたか、協会のパーティーで私が皆さんにあいさつして、まだ歓談が始まったばかりの頃合いに孫さんがスッと近づいてきた。

「浮川さん、いまから打ちっぱなしに行きましょうよ」

二人でこっそり会場を出ると、孫さんの車が待っていた。一緒に東京・芝の練習場に行くと「このクラブ、買ったばかりなんですよ。いいでしょ」と目を輝かせていた。子どもみたいな人だなと思ったものだ。

両社での親睦ゴルフ大会では台風が直撃して大変な目にあったこともあった。ソフトバ

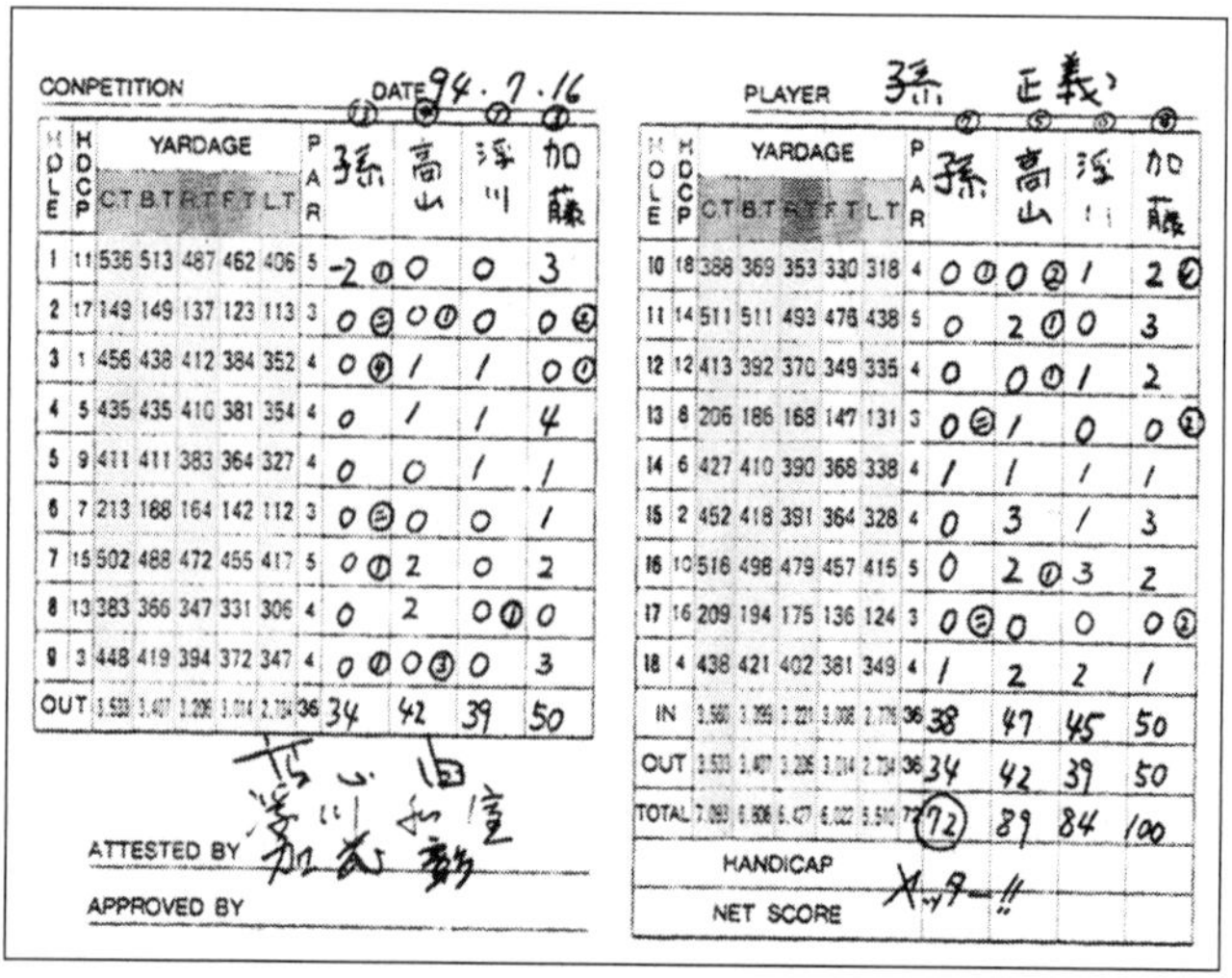

ソフトバンクが店頭公開した翌日、孫さんは初めて
72のパーで回った（1994年）

ンクが1994年7月に株式を店頭公開した翌日には孫さんが初めて72のパーで回った。喜んだ孫さんが「店頭公開したことよりうれしいです」と言っていたのが、記憶に残っている。

うれしい悲鳴

1985年2月に発売した「.jX―WORD太郎」は価格が5万8000円。先行する他社の半額だった。それだけでも驚かれたが、さらに翌年発売の「一太郎バージョン2」では既存ユーザーには下取りなしで3万円で売ることにした。「多くの人たちに一太郎を使ってほしい」と考えたのだ。

より多くの人に使ってもらうための戦略が、バージョンアップだった。当初は3カ月ごとに次々と新バージョンを投入する計画だったが、さすがにそれでは開発が追いつかない。それでも他社が追随できないスピードを心がけた。我々は後発だが、できるだけ早く追いつき、追い抜き、そして引き離す。そのためには、他社が追いつけないようなスピードでバージョンアップしていかなければならない。

それになんと言っても、私の頭の中からは、実現したいこと、「こんなことができればもっと便利になるぞ」というアイデアがどんどん湧いてくる。目先の成功に満足なんてできない。そんな思いで初子が率いるエンジニアたちと日々、次のアイデアを話し合うことが私にとってはこのうえない楽しみとなっていた。

ただ、次々と湧き上がるアイデアを闇雲にバージョンアップしていたわけではない。重視したのがお客さんの声だった。「一太郎」のパッケージには、はがきを2枚同封した。ひとつは登録用、もうひとつがご意見用だ。

ユーザーの声に耳を傾けて次のバージョンではどんな機能を追加すればいいのか、どう使い勝手を上げればいいのか。その参考にするためだ。ここにも「一太郎」が市場を席巻した理由があると思う。

ご意見用のはがきは、狙いどおりにたくさんの返信をいただいた。専用の棚をつくり、整理係を雇ったほどだ。そのひとつずつに目を通し、お客さんが求めていることを「一太郎」の進化に落とし込んでいった。

ユーザーサポートの電話には人を雇っていたが、夜になると私だけになる。私もお客さんからの電話に直接応えることが多かった。たまに「どなたですか」と聞かれて「浮川です」と答えると、「えっ、社長さんですか！」と驚かれることがあった。しばらくするとユーザーのあいだで「ジャストシステムに夜遅くに電話すると社長が出る」という噂が広がったようだ。

こんな取り組みが功を奏し、「バージョン2」は7万6000本を超える販売を記録した。さらにその翌年、1987年6月に発売した「バージョン3」は31万本もの大ヒットを記録した。3代目なのでファンの皆さんのあいだでは「三太郎」の愛称で親しまれた。

我々の工夫も成功を支えた要因だろうが、ベースにあるのが、やはりパソコン市場そのものの急激な伸びである。当時はまだ、いまのようなインターネットがないにもかかわらず、私が創業時に考えていた一人一台の時代に着実に近づいていることが実感できた。

起業する際には吉野川の流れに自分の人生を見立てたことは本稿で何度か触れた。流れのなかで木にしがみつき、自分の手で水を漕ぐことができれば、時代のさらに先を行ける

「一太郎バージョン 3」のフロッピーディスク

だろう、と。

このころは日々の仕事に忙殺されて過去を振り返る余裕がなかったが、いま思えば確かに私はコンピューターという時代の流れのなかで「一太郎」という大木をつかみ、さらに先を行こうと必死に手を回して漕ぎ続けていたのだと思う。

こんなこともあった。1985年に「一太郎」をリリースした後のことだ。本社のある徳島市から吉野川を遡った池田町で社員たちと次版に向けた戦略会議を開いていた。すると、留守番の女性から電話が入った。

「社長、大変なことになっています。早く帰ってきてください」

なにごとかと思いきや、封筒の開封が間に合わないのでと言う。当時は、バージョンアップしたお客さんからの支払いは現金書留で送金してもらっていた。人の高さほどの大きな棚を、書留封筒を入れる金庫代わりに使っていたのだが、とうとう開封作業が追いつかず、封筒が入らなくなったのだ。さらに聞けば、開封するハサミを扱う右手の中指が擦り切れて痛いとも。うれしい悲鳴とはこのことだ。

かつての教え子に誓った「日本一」の目標は、かなえられた。もっとも、いまも初子には「あのとき、世界一と言っていれば」と言われる。確かにそのとおりかもしれない。ただ、当時の私たちにはまだまだ日本でやるべきことがあった。この国でコンピューターを進化させ、知的生産性を高めることに貢献するために。

本社建設

「一太郎」の成功によって社員がどんどん増えはじめた。徳島市内では社員が収まるビルがなくなったので、自社ビルを建てることにした。1987年のことだ。

場所は徳島市内の沖浜東。ただ、それもすぐにいっぱいになりそうだということで、本社を建設している最中に隣の畑を買い取って2号館を建てることになった。コンセプトは「リゾートオフィス」。その後もジャストシステムの社員の平均年齢はずっと20代と若く、和気あいあいとした雰囲気を残したかったのだ。

最上階につくった社員食堂は「食堂」というより、社員がミーティングにも使いたくなるようなオシャレなカフェテラスにした。

　本社は夜中でもライトアップした。これは夜遅くに帰宅する社員のためだ。当時は多くの社員がマイカー通勤だった。一日の仕事を終えてオフィスを後にするときに、真っ暗な場所をトボトボと歩くより、幾分でも気持ちがよいのではないかと考えたのだ。

　ジャストシステムは社員の半分は女性だった。当時としては非常に珍しかったのだが、理由は簡単だ。専務の初子もそうだが、優秀な人が多かったからだ。

　そこで、本社の隣には託児所をつくった。園長は社長である私。社員のなかには社内結婚する者も多い。女性に安心して働いてもらうために子どもたちにとっても居心地のよい場所をつくりたいと考えた。

　クリスマスの日には毎年、私がサンタの格好をして子どもたちにプレゼントを配った。「パパとママが働く会社って、よいところなんだな」と子どもたちに思ってもらうためだ。

　会社が大きくなるとよく聞かれたのが「なぜ東京に出ないのか」ということだ。私は愛媛の出身で、徳島にこだわる理由がないように思われたのかもしれない。仕事に没頭するために地元の経済界などの付き合いにもほとんど顔を出さなかったことも、影響したのか

本社ビルの設計には強いこだわりがあった（1989 年）

もしれない。

私としては、社員の多くが徳島で生活基盤を持っているから、安易にそれを変えられないということが大きい。もうひとつ付け加えるなら、徳島に居ることは人材確保の面で優位に働いた。「一太郎」で知られるようになったからといっても、東京に出れば数ある新興企業のうちのひとつでしかなくなる。だが、徳島なら関西や四国の優秀な人たちがどんどん集まってくれる。この効果は絶大だ。

特に「一太郎」の生命線は「ＡＴＯＫ」、つまり、かな漢字変換の辞書機能にある。同じ字でもどんな文脈ならどんな順序で同じ読みの文字を表示していくか。いまのようにＡＩがない時代のことだ。きめ細やかな作業は、やはり女性の感性に頼る部分が大きかった。

このころになると我々もメディアで取り上げられることが多くなった。でも、私と初子の生活は変わらない。初子に言わせれば、私は短時間でコロコロと趣味が変わるらしい。あるときは靴に凝り、あるときは時計を集めはじめるといった具合だ。ただ、私にとって変わらぬ趣味はずっとクルマだった。

特に好きなのがホンダだ。駆け出しのころは小型車のシビックを愛用し、余裕ができてからはスーパーカーのＮＳＸを購入した。

余談になるが、ホンダとのご縁といえばＦ１で活躍されたレースドライバーの中嶋悟さんとは懇意にさせていただき、徳島の本社にも来ていただいたことがある。私がクルマ好き、そしてホンダ好きだと聞くと、中嶋さんがクルマをチューニングしてくれることになった。当時は「レジェンド」という、どちらかと言えばおじさん向けのクルマに乗っていたのだが、中嶋さんがチューニングしたショックアブソーバーなどに取り換えてもらうと走りが一変した。それまでは「なんかフワフワした感じですね」などと言っていたのが、いきなり「バシッ」とした走りになったのだ。やはりプロの腕前には驚かされる。

富士スピードウェイまで応援に行ったときには特別にピットに入れていただいた。正真正銘、コンマ何秒を争うピリピリとした張り詰めた空気がとても印象的だった。

ホンダといえば、創業者の本田宗一郎さんはお会いしたことはないが、ずっと憧れの経営者だ。あれだけの大企業に成長したわけだが、原点にあったのはやはり本田さんの人としての魅力だったのだろう。終戦後にバイクメーカーとして浜松で出発し、東京に出てくると自動車メーカーとして大きく羽ばたいた。それを支えていたのが、本田さんに憧れてどんどん入社してきた若い才能たちだ。

それになんと言ってもホンダは、本田さんの代からずっと「らしさ」を大事にしている。初子と二人で始めたジャストシステムも、大きくなってもそんな会社にしたいと考えていた。

試練

前述したとおり「一太郎」は当初からお客様の声も反映させて次々とアップデートし、他社の追随を許さない戦略を採っていた。そのたびに工夫と改良を重ねたが、私にとって最も思い出深いのが「バージョン４」である。正確に言えば、その改良版である「バージョン４・３」だ。

いまも一太郎と言われて真っ先に頭に浮かぶのが「４・３」という数字だ。

「好事魔多し」とはよく言ったものだ。我々は日本語のワープロソフトとして独占的な地位を築いたが、その後に待っていたのは大きな試練だった。

「三太郎」の愛称で親しまれた「バージョン3」は31万本の大ヒットとなった。その発売から2年近くがたった1989年4月に発売した「バージョン4」は、それまでの一太郎とは一線を画すような機能を搭載した。

「ジャストウィンドウ」と名付けたウィンドウシステムを採用し、グラフィックソフトの「花子」やデータベース管理の「五郎」などをひとつの画面で同時に使えるようにした。「一太郎」を中心に、いろいろなアプリケーションを後からどんどん付け足していけるような仕組みだ。

決して、いろいろな機能をぎゅっと詰め込んだ発想ではない。ワープロを使うユーザーなら今度はマウスを使って絵も描きたいと思うだろうし、表計算ソフトも使えれば便利だなと考えるだろう。そんな要望を先取りしたのが、「バージョン4」だった。

現在のパソコンでは当然のような使われ方を当時から想定した野心的なソフトだったが、ひとつ大きな問題があった。

当時のパソコンの内蔵メモリーは640キロバイトが主流だった。「バージョン3」までの機能なら快適に使えたのだが、ＯＳのようなソフトにまで進化させた「バージョン４」を十分に使いこなすには、この容量では足りなかった。

そこで自社でメモリーボードを開発して発売したが、これが8万円もしたため、多くの批判を受けることになった。「バージョン４」の機能が少し先を行きすぎたのだ。それでも発売当初から売れ行きは好調だった。野心的な機能を支持してくれるユーザーの存在は、我々にとっては大きな支えだった。

しかし、問題は、ハードのメモリー不足にとどまらなかった。もっと深刻な事態が起きようとしていたのだ。

発売してからしばらくたつと、サポートセンターに苦情が相次ぐようになった。「パソコンで一太郎を使っていると突然、動かなくなってしまった」というものだ。「一太郎バージョン４」のプログラムに、複数のバグ（不具合）が存在していたのだ。

日がたつにつれて電話がじゃんじゃん鳴るようになる。サポートと営業の社員たちが対応してくれたが、謝るしかなかった。

実は、「バージョン４」は開発を急がざるを得ない事情があった。日立製作所のパソコン「ＰＲＯＳＥＴ」に標準搭載することが決まっており、その発売日に間に合わせる必要があったのだ。

ただ、それも言い訳にはならない。私は社員を集めて「私が発売を急ぎすぎた。申し訳ない」と頭を下げた。

「バージョン４」は店頭から回収することになった。断腸の思いだが、こういうときこそ会社の真価が問われる。社員総出での巻き返しが始まった。

バグ除去合宿

「一太郎バージョン４」のバグ（不具合）問題が発覚すると、私は社長室にこもる時間が長くなった。専務の初子によると、私が見るからに落ち込んでいるようだったという。実際のところは落ち込んでいる暇などなく、対応を考えないといけなかった。店頭から回収し、全力を挙げてバグを取り除く作業に没頭しはじめた。

社員総出でバグ対策に乗り出した

コンピューターソフトの開発にデバッグ、つまりバグの除去作業はつきものだ。それ以前には、バグをひとつ見つけると社員にビールを1本プレゼントするといった遊び心を取り入れたこともあった。だが、今回は会社の浮沈がかかっている。

デバッグのために合宿しようと提案したのが、福良伴昭君だった。徳島大学歯学部の学生時代にアルバイトとしてジャストシステムで働きはじめ、一太郎シリーズの開発では中心的な役割を担う社員になっていた。

合宿の場所に選んだのが徳島市からやや離れた場所にある鳴門市の公営施設だった。そこなら自宅に帰る必要もなく24時間態勢でデバッグの作業に集中できる。ジャストシステムにはもともと合宿を度々開いて、皆で和気あいあいと開発やアイデア出しをする習慣があったが、このときは危機感が違った。

一同を大部屋に集め、LANケーブルでつないで全員の作業を連動できるようにした。司令塔となったのが開発責任者の福良君だった。

大きなホワイトボードを置いて、バグを書き出していった。作業が進むたびに福良君が自分の席に担当者を呼んで指示を出し、バグをひとつずつ潰していく。

鳴門の公営施設に機材を持ち込む社員たち（1989年）

毎日のようにプログラムをアップデートしては、徳島の本社に残るエンジニアたちがそれを試験する。デバッグというのは、バグをひとつ発見して修正するとまた別のバグが発生するという、いたちごっこのような作業だ。それを地道に繰り返すしかない。

作業は昼夜を問わない。鳴門の合宿所に集まった者も、本社で試験にあたる者も社員全員が全力を尽くしてくれた。そのなかでも特筆すべきは、やはり司令塔である福良君の奮闘だった。2週間ほどの合宿を通して、仮眠を取る時間以外は文字どおり24時間態勢で現場を指揮して根気よくデバッグを進めてくれた。

途中でアップデート版を挟みつつ、とうとうデバッグが完了したのが、「一太郎バージョン4・3」だった。完成したのは、「バージョン4」の発売から半年余りたった1989年11月。「4・3」を格納したマスターが完成したときの感慨は忘れられない。

そこで終わりではなく、我々はお客さんの信頼を取り戻さなければならない。既存のユーザーには「4・3」を無料で配布することを決めた。その数は23万人。費用はざっと10億円になる。当時の我々にとっては大きな負担だ。

私は社員たちを集めて、こう話した。

「もしかしたら、これで会社は潰れるかもしれない。それでもやるから」

こうして我々は「4・3」を世に送り出した。以前のように苦情の電話が鳴り響くことはなかった。全国のストアでの売り上げは日々、集計される。壁に張り出したグラフはすぐに右肩上がりの曲線を描きはじめた。我々は危機を脱したのだ。結局「バージョン4」シリーズは、累計販売63万本の大ベストセラーとなった。

第4章

挑戦

ワードと開戦

プログラムのバグ問題に揺れた「バージョン4」に続き、1993年4月に発売した「バージョン5」は、ワープロソフトとしては集大成と言える自信作だった。

それが過信ではなかったことは数字となって表れた。発売後わずか1週間で10万本が売れるという、日本のコンピューター業界が始まって以来の大ヒットを記録した。

ただ、正直に言って「バージョン5」のことはあまり印象にない。やはりその前の「バージョン4」で味わったあの試練の記憶が色濃く残るからだ。バグを修正し終えた「4・3」を出したときは本当にほっとしたものだ。繰り返しになるが、私にとってはこの「4・3」こそが「一太郎」そのものと言ってよいほどだった。そんな試練も乗り越えてきた、我々の「一太郎」は進化したのだ。

ただ、時代は大きく動きはじめていた。

我々が「バージョン5」を発売した翌月、米マイクロソフトのビル・ゲイツ会長が来日して大々的に発表したのが、OSの「ウィンドウズ3・1」だった。ゲイツ氏は自信満々に「これから1年半以内ですべてのパソコンがウィンドウズ対応になる」と宣言したという。ただ、この時点では我々にとってそれほど脅威だとは感じなかった。彼らの日本語入力ソフトは使い勝手がよいとは思えなかったからだ。

風向きが変わってきたのが、1995年11月に日本でも発売された「ウィンドウズ95」の出現からだ。インターネット・エクスプローラーを搭載したこともあり、発売日には秋葉原に多くの人が詰めかけた様子が各種メディアで大々的に報じられた。

そこから「ワード」との戦いが始まった。聞くところによると、ゲイツ氏はジャストシステムを名指しで「日本で唯一のライバル」と呼んでいたらしい。「ワード97」では縦書きなど日本語の機能を強化し、彼らが我々の市場を奪いにきていたのは明らかだった。

マイクロソフトについては、思うところがある。パソコンメーカーがウィンドウズを搭載する際に、当時シェアの低かった「ワード」をセット販売するよう求めていたからだ。

「一太郎」を排除する目的は明らかだった。

パソコンメーカーは、たとえば「一太郎」と「エクセル」などを組み合わせて販売することが実質的にできなくなる。米司法省に続いて日本の公正取引委員会もこの問題を指摘し、「ワード」のセット販売を事実上強要していたとして、1998年11月には独占禁止法違反で排除勧告を出した。

だが、独禁法違反が指摘されても、後の祭りというのが率直なところだ。マイクロソフトのやり方にはアンフェアだなと憤ったものだが、我々としては現実的な対抗策を打つしかない。

そこで私は「セグメント戦略」を打ち出した。目を付けたのが学校と自治体だ。マイクロソフトが対応できない、日本企業ならではのきめ細やかな対応で、シェアを取ろうとしたのだ。

1999年に発売した小学校向けの「一太郎スマイル」には、子どもたちが教室で発表するための「はっぴょう名人」という機能や、学年別に対応した漢字の変換辞書、お絵描きツールなど学校での授業に役立つさまざまな機能を盛り込んだ。その後も学校の先生方からの要望に応えながらバージョンアップを繰り返して、全国の公立小学校の85％で使われるソフトに成長した。

また、官公庁向けでも営業体制を再構築した効果もあり、根強い支持をいただいた。

それでも、ＯＳとのセットで売り込んでくる「ワード」は、我々にとって脅威だった。「一太郎」の店頭での人気は堅調だったが、ウィンドウズのシェア拡大とともに、徐々にシェアを落としていった。この後、私と専務の初子、それに社員たちにとっては厳しい時が続くことになった。

デジタル時代の辞書

ところで、「一太郎」はもともと実務文書を対象にしてきたが、ユーザー層が広がるにつれて特に文筆家の方々から批判をいただくことも多くなり、「もう自分たちだけで辞書を提供するべきではない」と考えるようになった。この辞書にあたる「ＡＴＯＫ」は、もともとは私が新聞などを見ながらユーザーが使うだろう語順などを想定してつくり、会社でも日本語学専攻の人を採用してきた。

だが、やはり私たちが知っている言葉や事柄、事象といったものはどうしても限られてくる。もっと普遍的な辞書にしないといけないということは私自身が常々感じていたことだ。

それに「一太郎とATOKは、日本語のデジタル文化を担っている」との責任感があった。手で文字を書いていたころよりキーボードをたたくほうが、ずっと速く文章を書くことができる。言い換えれば、思考のスピードをずっと速くすることができるわけだ。まさに日本人の知的生産性を高めるためのベースになるのが、この「ATOK」という辞書である。

当時、私は社員によく「ATOKは80％のパソコンユーザーに使われている。その責任を持たなければならない」と話したものだ。では、どんな言葉を我々の辞書である「ATOK」に組み込まなければならないのか。

文筆家の紀田順一郎さんを座長に1992年に発足したのが「ATOK監修委員会」

ATOK 監修委員会のメンバーと
(2 列目右から 3 人目が紀田順一郎氏、同 2 人目が筆者)

だった。専門家の方々から規範性のある語彙選択の基準を得たことは大きな力となった。先に文筆家の方々からよく批判をいただいたと述べたが、実は紀田さんもそのおひとりだった。だったら、その紀田さんのお力も借りようというわけだ。

紀田さんを座長とするＡＴＯＫ監修委員会には、矢澤真人さん（筑波大学）、近藤泰弘さん（青山学院大学）、高本條治さん（上越教育大学）らの気鋭の日本語研究者に参加していただいた。

その成果には目を見張るものがあった。「かな漢字変換辞書の匿名性を脱し、皆さんの協力のもとで、一定の規範性を持った辞書を開発しています」と堂々と言えるようになった。当時のフロッピーディスクで２枚という限られた容量のなかで、規範性のある語彙選択基準を得たことは、市場競争力という点でも大きな力となった。

私はといえば、先生方の議論を聞きながらほっとしたというのが正直なところだ。やはり餅は餅屋。毎回、会議に出席するのが楽しくて仕方がない。「確かにそうだよなぁ」とうなずきながら肩の荷が降りる思いがしたものだ。

委員会の皆さんの指導力は我々の辞書チームにも大きな影響を与えた。前述のとおりジャストシステムは日本語学などの文化系の学科を卒業した社員も積極的に採用していたが、これら若手社員が自信を持って日々の地道な作業に取り組む姿勢を持つようになったからだ。委員会の指導と辞書チームの連携により、「ＡＴＯＫ」は市場における確固たる地位を確立することができた。現在も広く使われている。

一方、現代のＩＣＴ基盤のひとつとして欠くことのできない文字コードのデファクトは「ユニコード」だ。１９９１年、「ユニコードコンソーシアム」が、多言語環境と文字集合の統一を目指して米国で設立された。

１９９５年、ジャストシステムは、日本から唯一のフルメンバーとしてお誘いを受けた。フルメンバーは議決権を持つ。フルメンバーとなるには、そのコード体系をサポートする製品を持っていることが条件となる。

国際的な組織からの誘いは我々にとっては名誉なことだが、それだけでは済まされない。デジタル時代の言語の世界標準を決める重要な役割の一端を担うことになることは言うまでもない。

当時の日本が置かれた立場は実に微妙なものだった。我々がフルメンバーに誘われた時点で、すでに韓国のハングルは追加することが決定されていた。一方で日本語への考慮はまだまだ十分ではなかった。

「このままでは将来、日本は国際的なＩＣＴ標準の流れから取り残される」。そんな危機感と責任感が私の背中を押し、コンソーシアムへのフルメンバーとしての参加を決めた。私はジャストシステム社員の小林龍生さんを我々の代表者に指名し、２００９年までコンソーシアムへ送り続けた。小林さんは任務遂行のため英語学校に通い、海外で交渉する力を身につけてくれた。

日本語はやはり特殊な言語だと思う。漢字ひとつとっても、意味は同じでも視覚的に異なる文字（異体字）がある。たとえば「辺」は「邊」「邉」など、数えようによっては20以上もある。小林さんらは日本語の異体字をユニコードのなかに入れるべくそのアーキテクチャーを提案して成果を勝ちとった。

一方、私は１９９８年から２０００年まで、国語審議会の委員をソフトウエア業界として初めて委嘱された。この審議会では「表外漢字字体表」を策定し、名前など常用漢字以外の文字については、明治以来の伝統的な字体が採用された。「2点しんにょう」の字などである。

いまでは大型コンピューターから携帯電話まで、ありとあらゆる情報通信機器でＯＳからアプリケーションに至るまで、広範かつ圧倒的に使われるようになっている。略体字と伝統的な字体の混在も含め、多くの処理系でユニコードとして統一して扱えるのは彼らの成果なのだ。こういったユニコードでの活動と成果は私たちの誇りでもある。

インターネットの到来

インターネットの歴史をたどれば１９６９年の「ＡＲＰＡＮＥＴ（アーパネット）」に遡るのが一般的だろう。この年、米高等研究計画局（ＡＲＰＡ）によって開発されたシステムでロサンゼルスとサンフランシスコをつないだ。「ＬＯＧＩＮ」を1文字ずつ打ち込み、その都度、電話で送信を確認したところ、ＬとＯの後にＧでシステムが停止してしまったという。

インターネットの原型はわずか2文字で始まったのだが、大きく花開いたのが１９９３年のことだ。欧州原子核研究機構（ＣＥＲＮ）が開発した「ワールドワイドウエブ（ＷＷＷ）」を無償で公開したことで、全世界にインターネットというイノベーションが一気に広がっていった。

この年に米国では世界初のブラウザーと言われる「モザイク」が生まれ、アル・ゴア副大統領は全米を超高速回線で結ぶ「情報スーパーハイウエー構想」を掲げた。もともとインターネットの可能性に気づいていた米国は国を挙げて、この世界を変えうるイノベーションで先駆けようといち早く動きはじめていたのだ。

我々が拠点を置くのは四国の徳島だ。一見するとそんなグローバル規模の大変革からは遠く離れたように見えるかもしれないが、未来を見通そうという気概さえあれば、決してそんなことはない。それに、そもそもインターネットは世界をひとつにするイノベーションだ。技術の最先端を見てやろうという関心と、それを新しいビジネスにつなげてやろうという強固な意志さえあれば、もとより場所など関係ないという世界がやってきたのだ。

新時代の到来を、私もそんな思いで迎えていた。１９９５年、我々はＩＳＰ（インター

「ジャストネット」のトップメニュー

ネット接続）の「ＪｕｓｔＮｅｔ（ジャストネット）」を立ち上げた。家庭や企業にネット回線を提供するインフラ事業だ。ただ、私の構想は単にネットをつなぐだけではとどまらなかった。新たに生まれたインターネットという新しい通信網を使って、これからどんな新しいものが生まれるだろうか。そんなことに思いをはせるようになったのだ。

当時のインターネットと言えば、無数に生まれつつあるホームページを覗いたり電子メールのやり取りをしたり、というのが一般的な使われ方だった。でも、それだけだろうか。いずれ人々はインターネットを介してモノを売ったり買ったりするようになるんじゃないだろうか。そんなことを考えるようになっていた。

実は当時、米国では「オンラインショッピング」という新しいカルチャーが生まれつつあった。ジェフ・ベゾス氏がシアトルの自宅ガレージでアマゾン・ドット・コムを創業したのが１９９４年7月のこと。アマゾンは当初、本に対象を絞った「オンライン書店」として成長していった。

インターネット黎明期《れいめいき》の当時、日本では「タイムマシン経営」なる言葉がささやかれたものだ。いち早く米国で芽吹いたビジネスを、遅れた日本に持ち込む。あたかもタイムマシンに乗って米国の「未来」を日本に持ってくるだけで事業が成り立ってしまう。まさに両国間の「時差」を利用した発想で、米国で生まれたばかりのヤフーを日本に展開したソフトバンク創業者の孫正義さんがその体現者と言われたものだ。

ただ、私はというと、そうしたことには関心がなかった。他人が何をやっているかということにはもとよりあまり関心がない。それより、ただひたすら「将来はこんなふうになると便利な世の中になるんだろうな」ということに思いをはせるのだ。自分自身で未来を考える。考えるだけでなく、それを自らの手で実現しようと行動に移すのだ。起業家というのはそういうものではないかと思う。

前置きが長くなってしまったが、インターネット時代のインフラ事業に乗り出した私はすぐさまオンラインストア事業にも進出した。

新規事業のひとつとしてではなく、もっと全社的な取り組みにすべきだったとも思う。専務の初子にも後々まで、ジャストシステム時代の「一番大きな反省」と言われる。

このストア事業はその後も売り上げを伸ばし、2000年度には22億円、ユーザー数は34万人になったが、ISP事業全体の投資負担が重くのしかかり、2001年にソニー傘下のソネットに売却する決断を迫られた。いまとなっては「たられば」だが、あのときにストア事業だけでも継続していれば、もっと違った発展が望めたのではないかと後々まで思ったものだ。

もっとも、「あれを続けておけば」という事業はオンラインストアだけではない。近年、巨大仮想現実のメタバースが花開こうとしているが、我々が1995年に始めていた「ぽけぽけ島」はまさにメタバースを先取りしたサービスではなかったかと思う。

インターネット上に仮想の島をつくり、そこにユーザーが出店してリアルで取引するための商品を並べるのだ。メタバースでは仮想の土地が異常なほどの価格で取引されるようになったとのニュースも耳にするが、「ぽけぽけ島」の土地も売買していた。1万人のユーザーを獲得したが、大きく花開くことはなかった。

バケツ型検索

オンラインストアも「ぽけぽけ島」も、時代を先取りしすぎたのかもしれない。そういう意味では、いまも忘れられない事業がある。米国で見つけた検索システムだ。

新しい事業の芽の発掘に力を入れていた我々は、1996年、米ピッツバーグに研究所「JPRC」を開設した。すると、その所長から連絡が来た。「面白い技術がある」とのことだった。

当時、私が求めていたのは、ユーザーがこれまでに「一太郎」で作成した大量の文章を使いこなすための検索技術だった。初代「一太郎」を発売してからすでに10年余りがたち、企業や自治体などでは大量の文書が蓄積していた。まさに文字の海だ。そのなかから、そのときどきに必要なものを抽出する技術をつくれないものか。そう考えたのだ。

私はこれを「バケツ型の検索システム」と呼んでいた。「バケツにどんどんたまっていく言葉のなかから、欲しい文書を見つけ出す」という意味だ。所長が見つけた「コンセプトベース」という技術が、このバケツ型検索そのものだった。

初子や研究者たちを連れてピッツバーグに飛び、実際に説明してもらうとすぐに私が求めていたものだと確信した。キーワードだけでなく文章を概念（コンセプト）のまま検索できるのが特長だ。

開発者のデビッド・エバンス氏はカーネギーメロン大学教授のかたわら会社を起こしたものの、ビジネスとして発展させることに苦心していた。私はこの会社の買収を即決した。20億円超と我々が出せる限度だったが、画期的な技術を発見したのだ。

お気づきだと思うが、この「コンセプトベース」は米グーグルの先を行く技術だったと思う。日本で販売を始めたのが1997年7月。順調にユーザーを増やしていき、「成功事例を紹介してほしい」というユーザーからの話が相次ぐようになった。2001年にはユーザー会の「JECS」を設立し、会長には私が就任した。

このJECSは単なるユーザー同士の親睦会ではなく、企業向けにニーズやユースケースを開拓するための研究会も発足させた。議論はいつも活発そのものだった。我々にとっては製品の機能改善に役立つだけでなく、先述のセグメント戦略に基づく企業向けビジネ

デビッド・エバンス氏（中）、妻の初子（右）と（1996年7月）

ス開拓の柱となっていった。「コンセプトベース」は２００３年には売上高が17億円となり、累計で３６００社、２６０万クライアントの実績を誇る製品に成長した。

一方で、グーグルがシリコンバレーで生まれたのが、ジャストシステムが「コンセプトベース」の販売を始めた翌年の１９９８年9月だ。

だが、当時の私は「コンセプトベース」を日本に、それも「一太郎」のユーザーに対象を絞って展開しようと考えていた。ビジネスで「たられば」を語ることは無意味だ。だが、もしあのとき、最初から海外向けにも展開していれば、どうなっていただろうか。世界は変わっていたのかもしれない。

１９９７年には株式を店頭公開した。これは資金調達が目的ではなく、私と初子が持っていた株式の流動性を確保する必要があると考えたからだ。だから公開後も株価に一喜一憂することはなかった。

ただ、主力の「一太郎」を取り巻く環境は次第に厳しくなり、上場した直後の１９９８年3月期の決算は赤字になってしまった。すると投資家やマスコミからは厳しい指摘が相次いだ。

初の決算公開で赤字となった直後の1998年6月、ジャストシステムはソニーから6・7%の出資を受け入れて資本業務提携することになった。

実は、ソニーとは以前から事業面での協業を模索していた。ソニーが「VAIO」でパソコン市場に本格参入したのは1996年のことだ。ソニーが得意とするAV（音響・映像）とコンピューターの融合というコンセプトを打ち出し、当初から人気を得ていたが、当時は後発組だ。彼らも新しいアイデアの種を探していた。

まだ資本提携の話になる前のことだが、熱海にあるソニーの施設で互いに知恵を出し合ったことがある。テーブルをコの字に並べての議論では面白いアイデアが次々と飛び出した。新しいテレビの概念をネットとパソコンで実現できないか。たとえば、ネットで野球を中継し、ファンが拍手するのをビジュアル化すれば、視聴者は試合の盛り上がりを実感できるのではないか。こんな議論がソニーとの資本業務提携の下地になっていた。

資本を受け入れたとはいえ、6・7%に過ぎない。言うまでもなくジャストシステムの命運を決めるのは我々自身である。学校や自治体向けの販売に力を入れるセグメント戦略は効果を上げつつあった。それでも、マイクロソフトによるOSと「ワード」の抱き合わせ販売の影響は大きかった。

戦略新ソフト

ジャストシステムは2004年3月期に株式公開後に初めて経常黒字を計上した。学校など特定の販売先を攻めるセグメント戦略に加え、人員削減の効果が出た格好だ。ただ、我々が置かれた厳しい状況が変わることはなかった。

「一太郎」はすっかりマイクロソフトの「ワード」にシェアを奪われていたが、我々には次世代への巻き返しに向けた武器があった。それが「xfy（エックスファイ）」だ。

「xfy」とは何か。簡単に説明すれば、顧客企業のなかに分散する複数の情報をひとつに集約するソフトウエアだ。議事録や日報、帳簿、ウエブ、販売管理システムなど多岐にわたる情報を「XML」というプログラミング言語で一元管理していく。

実は、これは10年がかりの構想だった。仕掛け人は技術陣を束ねる専務の初子だ。元をたどれば、初子が考案した「ダイナミック・ドキュメント・ワーク」にたどり着く。「一太郎」で作成する文書だけでなく、さまざまなドキュメントを一元管理しようというアイデアだ。

これを形にしたのが、1999年にリリースした「一太郎Ark（アーク）」だった。当時から国際規格のXMLに対応させたものだったが、初子に言わせれば完成度はいまいちだった。社内情報の一元管理ソフトというよりは、まだまだ文章作成ソフトの域を出なかった。

これを粘り強く進化させたのが「xfy」だった。複数のXML文書から必要な情報を取り出してパソコンの画面上に並べて加工することができる。簡単に言えば、社内で飛び交うさまざまな情報をXMLというひとつの軸でくくり、クライアントが望む用途に応じて使い分けることができるというソフトだった。

2005年に「ベーシック版」を出し、翌年には本格投入した。社運を賭けたソフトである。XMLは欧州を中心にどのような使われ方がなされるのか議論が盛り上がり、米国でIBMやオラクルがデータベースに採用した。「xfy」も注目を浴びるようになった。

米サン・マイクロシステムズの展示会で
（2005 年、左から 3 人目が筆者）

国内での成功にとどまっていたこれまでの事業とは違い、「ｘｆｙ」では海外に打って出る必要がある。そこで我々は米国と英国に営業拠点を立ち上げて、最初から世界で市場を取りに行くつもりで攻めに出た。もはやジャストシステムは「一太郎の会社」ではない、ということだ。

ただ、結論から言えば、「ｘｆｙ」は一部のコンピューターにくわしい方々からは高い評価をいただいたが、我々の思いとは裏腹に事業を成長させることはできなかった。

一言で言えば時期尚早だったのだ。当時のパソコンの性能ではその力を生かし切れず、我々も「ｘｆｙ」を使う利点を十分に示せなかった。もっと時間が必要だった。海外拠点に投資しすぎたことも敗因だった。

この間も、米マイクロソフトは「ワード」や「エクセル」を抱える「オフィス」で市場支配を固めていった。残念ながらジャストシステムの業績は低迷を続けていた。我々に残された選択肢は狭まりつつあることを実感せざるを得ない。

この後、私と初子は大きな決断を迫られることになる。初子の実家の応接間で、たった二人で立ち上げたジャストシステム。私たちは「一太郎」を生み出し、日本人の知的生産性の向上に貢献してきた。だが、私たちの人生そのものと言っても過言ではない会社を去ることになったのだ。

卒業

キーエンスとの業務提携の話が持ち上がったのは、２００７年末から翌年にかけてのことだった。前回紹介した「ｘｆｙ」の技術を、彼らが持つ製造業のクライアント向けに売れないかという話が発端だった。

この時点でジャストシステムの業績悪化はますます厳しいものとなっていた。業務面での協業の検討が進展するにつれて、私のほうから出資を持ちかけた。当初は小規模な出資を受けられないかという話だった。

ジャストシステムの主力は日本語ワープロの「一太郎」だ。海外の投資ファンドから出資の打診を受けてはいたが、やはり日本人が使う日本語のソフトとしての役割をまっとうするためには、提携相手は日本企業であるべきだというのが私と初子の考えだった。

たくさんのメーカーをクライアントに抱え、財務面でも優良企業と言われるキーエンスなら申し分ない。そう考えていたのだが、ここから事態は思わぬ方向に展開していった。

２００８年秋に起きたリーマン・ショックが日本のみならず世界の金融市場を揺るがすと、赤字が続く我々にも、その影が忍び寄ってきた。監査法人から「事業の継続性に疑義あり」との指摘を受けるようになったのだ。

出資交渉のなかでキーエンスはジャストシステムの財務状況を知り、当初の小規模出資の話は、より多くの株式比率と役員派遣を伴う条件へと変わっていった。受け入れれば筆頭株主の地位を手放すことになる。

言葉を換えれば、初子と二人でここまで育ててきたジャストシステムを実質的に手放すかどうか。私たちはその決断を迫られたのだ。

正直言って散々、悩んだ。悩まないわけがない。だが、私たちの選択肢は限られていた。

我々はキーエンスを引受先とする45億円の第三者割当増資を決めた。キーエンスからの出資比率は43・９６％となる。私は会長に、専務の初子は代表権のない副会長に退くこととなった。

後任社長には、創業期に徳島大学歯学部の学生時代にアルバイトとしてジャストシステムに加わり、一太郎の開発を切り盛りした福良伴昭君が就くことになった。私と初子からキーエンスに出した条件のひとつだった。

無念だったが、ここまで育ててきたソフトウエアを海外企業ではなく日本企業に渡せたことに安堵の気持ちが大きかった。

29歳のサラリーマンだったあの日。初子を送った後の車中でハンドルを握りながら眺めた姫路の国道2号の光景。「日本を支えているのは、ここにあるような中小企業だ」と強く思った。吉野川の大河に自分の人生を見立て、「同じアホなら踊らにゃソンソン」と自らを奮い立たせて起業に踏み切った。

契約が取れず、いたずらに時間だけが過ぎていった創業期の日々。初受注の日に初子との結婚に反対したおばあちゃんと号泣したことは、忘れられない。そして、私と初子は「一太郎」という画期的なかな漢字変換機能を備えたワープロソフトで、コンピューター業界に名乗りをあげた。私たちを支えてくれたのは、徳島のちっぽけな会社に集まった若い社員たちだった。

そんな歩みもここまでだ。私と初子はジャストシステムを卒業した。このとき、私は60歳。だが、ここで二人の挑戦が終わることはなかった。

福良伴昭氏（右端）らと（2009年、左から2人目が筆者）

第5章

再起

再出発

キーエンスから約44%の資本受け入れを決めてから1カ月後の2009年5月のことだ。キーエンスから我々ジャストシステムの扱いについての提案を受けた。基礎研究は不要とのことでチームの解散を要求された。

このチームを率いるのは専務の初子だ。すでに副会長に退くことが決まっていた。だが、優秀な研究者が集まるジャストシステムのエンジニアたちをこのまますみす解散させていいものか。初子と話し合った結果、初子がジャストシステムを離れ、彼ら彼女らを引き連れて独立しようということになった。

私は会長としてジャストシステムにとどまることになっていた。初子の新会社にいずれ合流したいと考えてはいたが、それも数年後になるだろうと漠然と思っていた。

初子が新会社設立の準備を進めていた10月の終わりごろのことだった。この新会社とジャストシステムとの関係を整理するなかで、私も同時期にジャストシステムを退任するほうが望ましいということになった。

私にとっては、そのあたりのことはどうでもよかった。もう一度、初子とともに、そしてジャストシステムを一緒に築いてきたエンジニアたちとともに新しいことにチャレンジしていこうと思うようになっていたからだ。

あれは、初子たちが東京・神谷町に準備オフィスを借りて、エンジニアたちとともに新会社で何をするかを議論していたときのことだ。くわしい内容はあまり覚えていないが、皆の話がとにかく面白そうだなと思ったことだけは覚えている。私も皆と一緒に新しい一歩を踏み出したいと切望するようになっていたのだ。

こうして私はもう一度、初子と会社を立ち上げることを決めた。

新会社の社名について当初は「ゴーガッサ」に決めていた。「恒河沙《ごうがしゃ》」から採った名前だ。10の52乗、つまり果てしなく大きな数字を表す言葉。インドの大河、ガンジス川に存在する無数の砂を意味するのだという。

無限の可能性を追い求める新しい会社の名称として、我ながらよい名前だと思ったものだ。実はこの社名で登記も済ませていた。

ところが、カナダのバンクーバーで、前述した検索システムの「コンセプトベース」を開発した米国人にこの社名の話をすると、「えっ？　それだと『ガソリンスタンドに行け』みたいだよ」と言われてしまった。ゴーガッサが「Go gas, ah!」に聞こえるのだという。

そのまま新しい社名を考えることになり、出てきたのが「MetaMoJi（メタモジ）」だった。メタには「超える」という意味がある。「文字を超える」。ジャストシステムは「一太郎」という画期的な日本語ワープロソフトを世に送り出した。次の会社は、それを超えるようなものをつくる。こんな意味を込めて設立したのが「メタモジ」だ。私が社長で、初子が専務。二人の再出発だ。

60歳で選んだ夫婦での船出。では、新しい会社で何をやるのか。すでにアイデアはあった。やりたいことは尽きないのだ。ただ、この後も新たなテクノロジーとの出合いがきっかけで、我々は急遽、進路を変更することになった。

もっとわくわくするほうへ——。まさに30歳でジャストシステムを立ち上げ、この国に

妻の初子（前列中央）と再び起業した
（筆者は前列左から３人目、2010年）

日本語ワープロソフトを根付かせたときのような可能性に、私と初子は出合ったのだ。

手書きアプリ

「ＩＴを使ってもっと何かできないかと考えてきた人間からすると、ＩＴ業界の現状は『まだまだ』というより『何もない』。思うことのほんの一部しか実現されていない状態だ。『こういうことをしたら世の中の人が喜ぶに違いない』というアイデアが湯水のように湧いてくる」

２０１０年1月14日に開いたメタモジの設立記者会見で私がこう述べると、初子は「自分が１００年後に生きていないとしても、１００年後の人たちが『あのときにあの人たちのおかげでこうやって使える』と言ってもらえるようなサービスや開発環境をつくっていきたい」と話した。

心機一転、初子やジャストシステムから引き連れた研究者たちと立ち上げたメタモジ。

私たちの創作意欲はまさに湧水のように湧き出るようだった。

会社設立の当初に開発を進めていたのが動画配信アプリだった。投稿時間は20秒まで。現在の「TikTok（ティックトック）」とよく似ている。「ViiDrama（ビビドラマ）」と名付け、社員がサンプル動画を投稿するレベルまで開発が進んでいた。

だが、創業翌年の2010年6月に開いた開発会議で私は「ビビドラマ」の開発をストップした。この年の初めに画期的な商品が誕生していたからだ。米アップルが開発したタブレット「iPad」だ。スティーブ・ジョブズ氏によるプレゼンの映像を見たときも驚いたが、やはり実物に触れたときの感動は忘れられない。

日本で発売される前に、昔からお世話になっていた弁理士の先生がハワイまで行って買ったというiPadを見せてくれた。そのときの衝撃はいまでも鮮明に覚えている。「その手があったか」と。

iPadを手に取ると、それまでのパソコンが急に不便なものに思えてきた。iPadなら、机に縛られずに、いつでもどこでも使うことができる。画面が小さくまだきめ細かな作業には向かないスマホとは似て非なるもの。思えば長年にわたってコンピューターの進歩とともに歩んできたが、これこそが次の革新だと実感したのだ。ならば、我々には何ができるだろうか。「このマシンを使って誰もが簡単に文章を書けるようにしたい」と真っ先に考えた。かつて「一太郎」をつくったときのように、手書きでスラスラと文章を書けるようなアプリをつくろうと決めたのだ。

もちろん、パソコンで日本語を書くという作業は、多くの日本人が日常的にこなすようになっている。私がかつてジャストシステムで考えていた世界観が実現したわけだ。日本人の知的生産性を高めることに貢献できたと思っている。

ただ、やはりキーボード入力というのは子どもやお年寄りには使いづらいものかもしれないという思いは、ずっと胸のなかにあった。「もっと誰でも、もっと使いやすく」。そう考えたときに、このｉＰａｄの画面の上にあたかも紙にペンや鉛筆でさらさらと文字を書くようなことができれば、日本人はもっとＩＴを身近に活用できるようになるだろう。そんな新しい世界が私の目の前に広がった。

「これは日本人のための仕掛けだな」と。そんな世界を実現させてみたい。そう考えるようになったのだ。やるなら「一太郎」をつくったときのように全社一丸となって全力で取り組まなければならない。

「これなら使える」

そのためには、開発半ばの動画配信アプリは捨てることになる。だが、実は私の考えだけでなく、エンジニア陣のほうが「社長、これはかなりのツールになりますよ」とiPad向けアプリに集中する案を私にぶつけてくれた。ジャストシステムで腕を鍛えたエンジニアたちと進む方向が一致していたことは私にとって心強いことだった。

私は、書き味には徹底してこだわった。手書きに使うペンは、速度や加速度、継続時間、筆圧に対する曲がり具合、太さなどをパラメータ化した開発ツールをつくってもらって私自身がチューニングしていった。文字認識技術は、東京農工大学の中川正樹教授から提供を受けて共同開発した。

こうして生まれたのが、手書きシステムの「マゼック」だ。漢字やひらがな、カタカナを自在に混ぜて入力できるのでこの名前にした。

手書きで肝心なのは、ぱっと漢字が浮かばなくてもすぐに変換してくれる機能だろう。たとえば、「困難」を「困なん」と書いても、すぐにソフトの側で「困難」に変換してくれる。そんな機能が不可欠だ。少しくらい乱暴な文字も正しく認識してくれないとユーザーにはストレスとなる。言うまでもなく「マゼック」でもこだわった。

さらに重要なのが、タッチパネルを指などでなぞったときの反応速度だ。コンマ何秒の応答が求められる。技術陣には「俺が納得できるレベルじゃないとダメだ」と念を押したが、試行錯誤をへて見事に実現してくれた。

「7notes」という名前でリリースしてみると反響は大きく、アップルのアプリランキングで1位となった。何よりうれしかったのが、当時86歳だった母の言葉だ。

「これなら使える」

母が口にした言葉を、そのまま「7notes」のキャッチフレーズにした。

母は市役所で管理職として勤務していた。いろいろな表彰状を書くのも仕事らしく、日曜日には紙の束を自宅に持ち帰って手書きしていた。そんなこともあって手で文字を書く

手書き入力の「7notes」を発表する筆者（2011年2月）

大切さが身に染みていたのだろう。キーボード操作の「一太郎」はまったく使わなかった母がすんなり受け入れてくれたのだった。

やはり新しいことにチャレンジすると、やるべきことが次から次へと出てくる。ジャストシステムの規模が大きくなってからというもの、忘れていた感覚を取り戻せたような気がした。あのときのように優秀なエンジニアたちの先頭に立って現場を指揮し、鼓舞することは、私にとってはこのうえないやりがいなんだと再認識させられた。

こうして私と初子の新たな船出は軌道に乗っていった。

現場で役立つ

ジャストシステムのころは、私たちは「一太郎」など机に座り、じっくりと作業ができるパソコンで使うソフトウエアを開発してきた。しかし、新たに登場したｉＰａｄにはキーボードとマウスの制約がない。

これからはいつでもどこにでも持ち出して使えるアプリを提供できる。特に状況が刻一刻と変わる現場では、待ったなしだ。少しの遅れが使う人たちにとってはストレスになることは前述したとおりだ。サッと使えるアプリが求められると考えたのだ。

手書きのよさを損ねないことに腐心したことは先に述べたとおりだが、たとえばｉＰａｄ向けの手書き入力アプリを開発するにあたって開発陣に、「画面を拡大してもギザギザしないで、きれいになるように」という注文も付けた。

こうして２０１２年に提供を始めたのが、ノートアプリの「MetaMoJi Note」だ。２０１３年には個人向けの「Note Anytime」が「スティービーアワード国際ビジネス大賞」で銀賞を獲得するなど、国内外で高い評価を得ることができた。いまでは当社の看板商品になっている。

これをきっかけに我々の商品と技術の用途は急速に広がっていった。当初は思いもしなかったような展開も数え切れないほどだ。ここでは、そのなかからいくつかの例を紹介したい。

２０１４年春、大林組の方々が我々の東京オフィスにやって来た。お話を聞くと、せっかく配ったiＰａｄが事務所の机のなかにしまわれることが多く、「現場でiＰａｄの利用率を高めたい」と言うではないか。

iＰａｄはパソコンとは違って工事現場にも持ち込めて、作業を大幅に効率化できるツールだと、その担当者の方は理解されていた。だが、現場の方々のなかには新しい技術を受け入れたがらない人も多いのだという。

そこで、現場ではいったいどんなアプリが使われているのか、大林組が現場の方々に聞き取り調査をしたところ、「MetaMoJi Note」が一番使われていることがわかった。「野帳」の代わりに使っている社員が多いという。野帳とは、建設業の現場監督が肌身離さず持ち歩いている現場の手書きメモ帳のことだ。

iＰａｄを野帳として使えるようなアプリがあれば、現場の作業員がiＰａｄを机の中にしまうことなく現場に持ち込むようになり、作業の効率をぐっと高めることができるはずだ。そんな現場の助けになるようなツールを我々と一緒につくれないかと大林組の担当者が言う。「電子野帳」の共同開発だ。

この話を聞いたときに私は即決した。このときの担当者の方がおっしゃるとおり、工事現場にノートパソコンは持ち込めない。まさにｉＰａｄの力の見せどころである。我々の手書きツールが大いに役立つはずだと直感したのだ。私はすぐに「やりましょう」と答えた。ここから大林組との協業が始まった。

大林組から要望された機能には、日付の自動追加やＴＯＤＯ管理、表計算などいろいろとあった。これらの要望を言われたとおりに実装するのではなく、我々からもユーザーの使い勝手やｉＰａｄの特長を考えたうえで積極的に仕様を提案していった。

２０１５年に完成した「ｅＹＡＣＨＯ」は、大林組の方々の当初の想像を超える製品に仕上がったと自負している。

いまでは建設現場だけでなく広く使われるようになっている。「ｅＹＡＣＨＯ」から建設業特有のコンテンツを外し、もっと広い職種の現場の方々に使ってもらえるように工夫を重ねて開発したのが「GEMBA Note」だ。机に座ってキーボードをたたくパソコンとの違いを強調するために、どこでも持ち運べるという意味を込めて「ＧＥＭＢＡ（現場）」と命名した。

言葉を換えれば、ジャストシステムのころに主戦場としてきたパソコンとは違う市場で

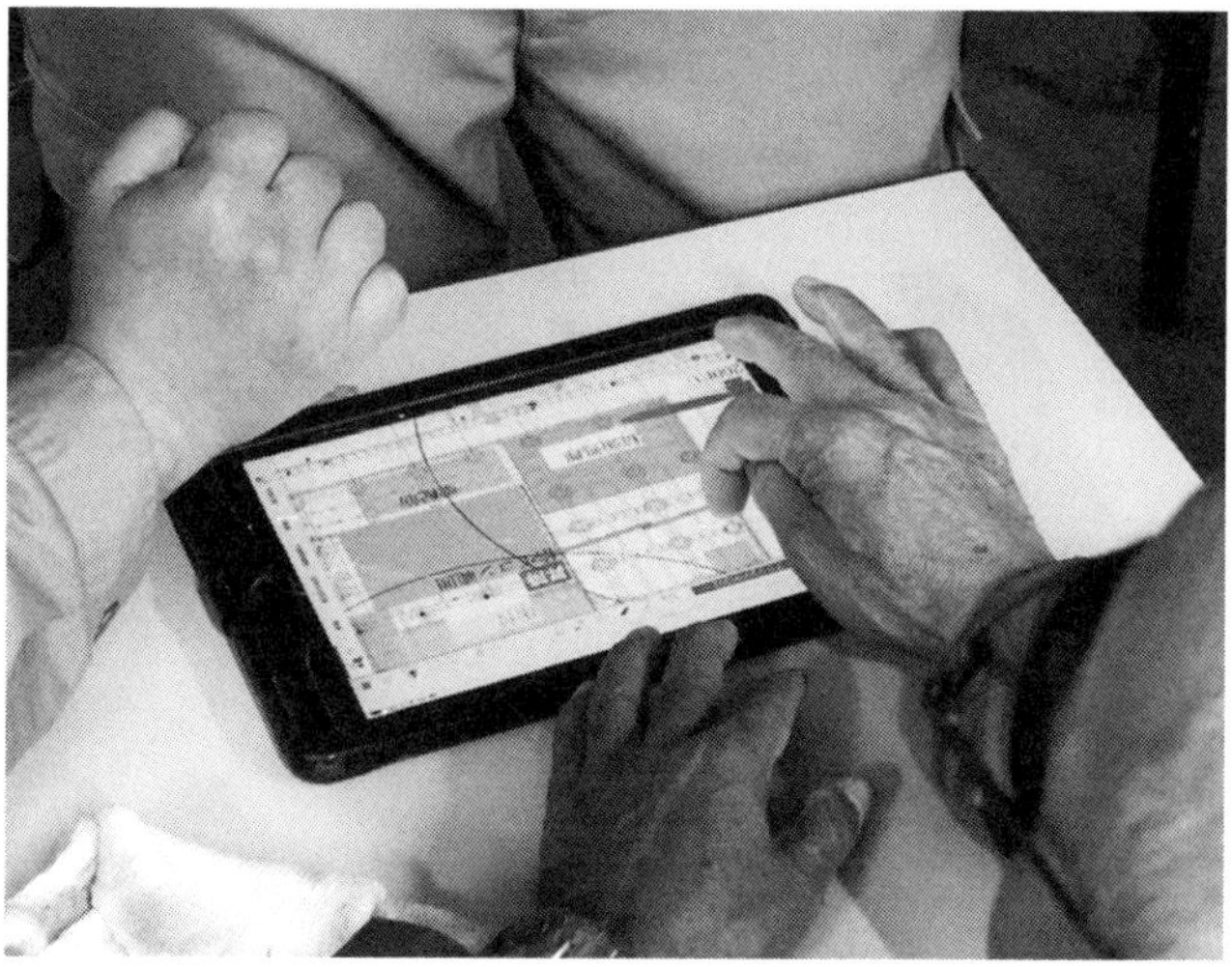

「eYACHO」は建設現場などで広く使われている

戦おうという意味を込めるために「GEMBA」という名前を選んだのだ。

この「GEMBA Note」は、我々の狙いどおりにいろいろな現場で使われはじめている。プラントでの保守点検や設計といった建設業に近いところはもちろんのこと、面白いところでは映画撮影で使われるようになったことだ。

秦の始皇帝にまつわる物語を描いた「キングダム」などヒット映画を多く生み出している佐藤信介監督は、撮影現場のみならずロケハンや小道具のスケッチなどで利用されているという。撮影所に見学に行った際には、実際に佐藤さんとスタッフのあいだの連絡手段として使われていた。私にとってうれしい限りだ。

歯科医の診療現場でも採り入れられた。紙ベースのサブカルテで診療記録を管理していて大変だったところ、このアプリが評価された。2021年10月には歯科医向けのデジタルノート「Dental eNote」の提供を始めた。

思えば、日本人の知的生産性の向上に貢献するとの志は、「一太郎」を生み出したころとなんら変わりない。当初は思ってもなかったようなさまざまな現場で我々のアプリが活躍していることは、私と初子にとって大きな誇りである。

クラスルーム

現場のＩＴ化への貢献に加えて、知的生産性の向上に貢献するｉＰａｄ向けアプリを考えたときにこだわったことが、もうひとつある。さまざまな場所に散らばる人たちのチームでの利用だ。この点もまた、「いつでもどこでも使える」という新しいコンピューターの能力を引き出すために不可欠な要素だと考えた。

そこで我々は、サーバーからアプリまで独自開発し、解像度を落とすことなく高速な情報共有を可能にする「Ｓｈａｒｅ（シェア）」という製品を開発した。

すぐにさまざまな用途に広がったが、その応用例のひとつが「クラスルーム」だ。もともとは「シェア・フォー・クラスルーム」と銘打って２０１４年に製品化したのだが、２０１６年春に「メタモジ・クラスルーム」に名称を変更して本格的にマーケティング活動を始めていった。

折しも２０２０年から学校で、生徒ひとりにパソコンやタブレットを一台ずつ配ってデ

「メタモジ・クラスルーム」を使った授業

ジタル教育を加速させる「ギガスクール構想」が立ち上がろうとしていた。結果的には導入初年の2020年に新型コロナウイルスが世界を襲ったことで教育現場のあり方も一変し、オンライン教育の早期実現が急務となったことで、当初は4年とされた「一人一台」の計画がわずか1年に前倒しされることになった。我々もうかうかとしてはいられない。すぐさまクラスルームの展開に力を入れることになった。

学校向けの製品開発は、ジャストシステムのころから力を入れていた分野である。「クラスルーム」でも、日本語ならではの細かい使い勝手に腐心した。たとえば、縦書きの原稿用紙。文が一番下のマスで終わる場合、文字と句点をひとつのマスに詰め込むなど、原稿用紙特有のルールに対応する。生徒が家に端末を持ち帰ることも想定し、ネットにつながっていなくても宿題を編集できるようにした。

セールスの面でもジャストシステム時代からの蓄積が大きくモノをいった。ジャストシステム時代に文教市場を開拓しようと1999年に発売したのが学校向けソフトの「ジャストスマイル」だったが、当初はなじみの薄かった学校に採用してもらうのに苦戦していた。このときに教科書会社から転職してきたのが、植松繁君だった。当時のジャストシステムの文教市場営業担当者はたったの3人。彼らを率いることになった植松君は、ソフトの販売代理店に任せるのではなく直接、全国の教育委員会を回ってユーザーを増やし、シェアを85%にまで高めていった。

植松君はキーエンスの傘下に入った後もジャストシステムにとどまっていたが、メタモジを創業した我々の動向を常にウォッチしていたのだという。「クラスルーム」で文教市場に本格参入しはじめると、「やっぱりそこに目を付けましたか」と言って2018年にメタモジに加わってくれた。

私が彼に「君の目から見てメタモジで何か変えるべきことはあるかな」と問うと、彼はすかさず「文部科学省が一人一台に税金を投じる可能性があります」と答えた。「もっと文教市場をてこ入れすべきですよ」と。こうして古巣から力強い味方を得たメタモジは、「クラスルーム」を全国の学校に採用してもらうべく販売攻勢を仕掛けていった。陣頭指揮を執るのはもちろん植松君だ。

幸いなことに「クラスルーム」は好評をいただき、「第13回日本eラーニング大賞」で総務大臣賞をいただいた。

受賞の栄誉よりずっと誇りに思うことがある。「２０２０年にコロナ禍で一斉に休校になった際に、自宅で学校と同じような授業ができた」と感謝されたことだ。次代を担う子どもたちの役に立てることは、私や初子、社員たちにとってこのうえない喜びであることは言うまでもない。

ｉＰａｄというイノベーションに早くから目を付けて、短編動画の配信から一気にシフトチェンジした効果は絶大だったと思う。初子たちと一緒にメタモジを設立したときには「何かまた面白いことができれば」と考えていたが、実際にやってみれば面白いことの連続だ。「ｅＹＡＣＨＯ」や「クラスルーム」はその一部に過ぎない。

ＡＩの可能性

世の中にはわくわくするようなイノベーションが次々と現れるものだ。いくつになってもそんなイノベーションへの関心はつきない。もちろん、傍観するのではなく、世の中に役立つような事業に昇華させられないかと考えるのが起業家というものだ。

近年、とりわけ強い関心を持って取り組んでいるのが、AIを活用したサービスの創出だ。昔から興味が尽きない分野だったが、2010年代半ばごろから世界中で急速に技術開発が進み、いよいよ我々の生活に身近な存在となってきた。

我々メタモジでも本格的に研究に着手したのが2018年のことだった。最初は「eYACHO」の実用化で協力してもらった大林組の技術研究所の方に「AIで何か一緒にやりませんか」と持ちかけたのがきっかけだった。

工事現場のDX（デジタル・トランスフォーメーション）といえば、多くの方々が生産性の向上やコスト削減がテーマに浮かぶかもしれないが、私がこだわったのは現場の安全だった。現場で働く方々がいかに安全に過ごせるか。これはなかなかお金に換算できるものではないが、お金より大切なことだと考えたからだ。

特に近年の建設現場では、高齢の労働者や外国人労働者が被る労働災害が増えているという。若手監督者への安全技能の伝承にも課題がある。高齢労働者の体力の衰えや、日本に来てから日が浅い外国人とのコミュニケーションの問題、それに技能伝承という工事現場のみならず日本全国のあらゆる「現場」が向き合っている課題を、どうすればＡＩで解決できるのか。こんなことの研究に日々向き合うようになったのだ。目指したのは、ＡＩを活用したリスク評価モデルの開発である。

ところで、ＡＩを活用した工事現場の安全対策というテーマにはひとつ、大きな問題が存在していた。それは、事故の報告書が意外と少ないということだ。会社側とすればあまり表に出したくないデータであり、そもそも発生件数がそれほど多くはない。それほど多くはないとはいえ、重大な事故は人命にかかわるため、安全対策が不可欠なのだが、データが少ないことは、ビッグデータ解析を強みとするＡＩにとって都合がよくない。

こんな問題にぶち当たった我々にとって心強い味方となったのが、ちょうど同じころに日経ＢＰ総合研究所の方を介して知り合った独立行政法人の労働者健康安全機構・労働安全衛生総合研究所（安衛研）の梅崎重夫先生だった。

梅崎先生が提唱されている「ＩＭＴＯＣ表現」を用いれば、少ないデータでも安全の「見える化」が可能になるのではないかと考えたのだ。ＩＭＴＯＣとは、「業種（Ｉ）」「起因物（Ｍ）」「事故の型（Ｔ）」「作業その他の条件（Ｏ）」「直接原因（Ｃ）」の５つの要素に労働災害の事例を類型化する表現方法のことだ。

この表現方法を活用して蓄積された安全管理データをもとに、我々メタモジが開発する安全リスク評価のＡＩモデルを構築し、それを大林組が現場で評価しながら完成度を高めていく。こんな枠組みで「安全ＡＩソリューション」のプロジェクトが動きはじめた。

具体的には「ｅＹＡＣＨＯ」や「GEMBA Note」に作成される安全衛生日報や作業計画書などの帳票上に、作業者や現場の状況に応じて関連度の高い安全管理情報を動的に抽出する「Dynamic Checklist（ダイナミック・チェックリスト）」を作成する。安全管理業務はこれまで、どうしても個人の経験や勘に頼りがちだったが、これによって組織的にリスクの「見える化」をすることが可能になり、安全管理そのものを高度化できると確信している。

先述したとおり、安全とは金額に換算しづらい価値だ。だが、人が働く現場ではやはり安全が第一。ジャストシステムを創業してからというもの、私はコンピューターの世界を生き抜いてきた。仕事を通じて人の生死と直面することは基本的にない世界に身を置いてきたわけだが、それでも安全が何より優先されるべきだとごく自然に思えた。

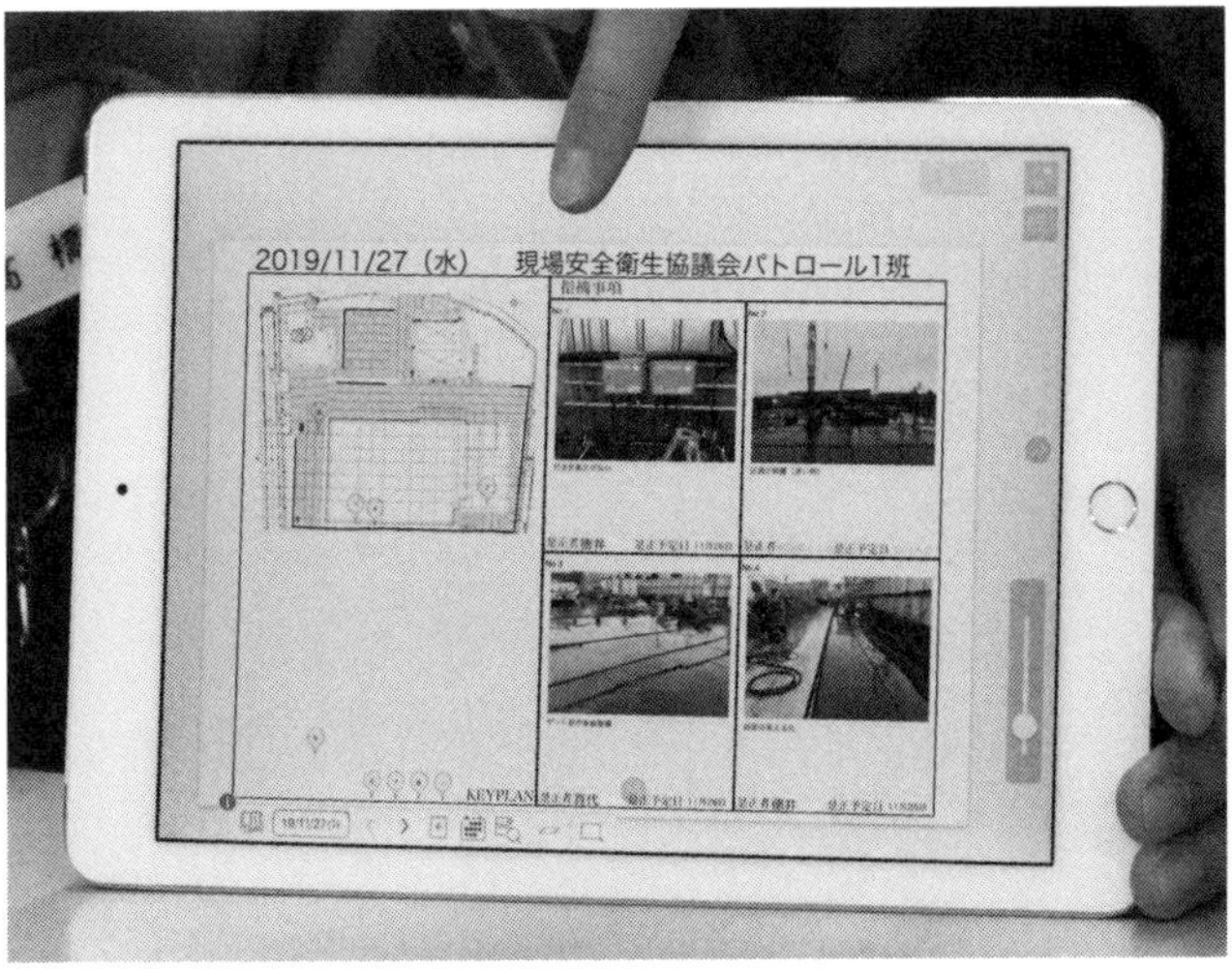

AIを活用して工事現場での安全対策を向上させる

なぜだろうか。その思考の原点を突き詰めれば、社会人生活のスタートを切らせていただいた西芝電機の職場にあるのだと思う。

愛媛大学を卒業して姫路の職場に飛び込んだ私が任されたのは、船舶機器の回路設計だった。船は外洋に出てしまうと、事故が起きてもすぐに助けに駆けつけられない。まさに人の生死にかかわる問題なのだ。

船を制御する装置の回路にはいろいろなものを組み合わせるのだが、先輩たちにたたき込まれたのが、「常に安全な側に動作する設計」という考え方だった。何かが故障しても他の何かでカバーして安全を保つ。人間がつくるものに絶対はない。安全性の壁を何重にも張りめぐらせて大海原を走る船を守るのだ。火災が起きた際にガスタービンを使って海水をくみ上げて鎮火するシステムを考案したこともあった。

「安全でなければ人間の道具としては使えない」という信念を西芝の職場で学んでから50年になるが、いまでも私のものづくりの信念として宿っていることを再確認させられたのが、この安全AIソリューションへの取り組みだ。遠い昔の記憶のようで、点と点が1本の線のようにつながってくる。キャリアを重ねていくと、このような経験に遭遇する方も多いのではないだろうか。私も日々実感している。

藍染め

先にも記したとおり、私は趣味をコロコロと変えるところがあるようだ。ずっと好きなものは何かと言われたら、やはり自動車になるだろうか。一方で初子は長年、藍染めに取り組んでいる。お母さんの陽子さんが、藍染めアーティストとして活動してこられた影響だ。

陽子さんの手伝いのようなかたちで始めたのが、ちょうど徳島の初子の実家でジャストシステムを起業したばかりのころだった。私は前職で船舶の回路設計をしていた経験もあったので、温度管理のための機械を自作して側面支援したこともあった。

ただ、その後にジャストシステムの仕事が忙しくなりはじめると、初子も専務として技術陣を率いる仕事に追われるようになり、藍染めからは遠のいてしまっていた。

本格的に再開したのは、メタモジの仕事が軌道に乗りはじめたころ、２０１５年に初子の父が亡くなったのが直接のきっかけだ。

徳島にいる陽子さんは藍染めアーティストとして現役だが、さすがに体力的にもきつくなってくるだろう。そもそも陽子さんが手掛けるのは「藍のろうけつ染め」という独特な技法だ。布に描いた下絵に合わせて、溶かした蠟を筆で載せていく。蠟がついた部分は染まらずにそのままに残る。そうやって、藍と白だけの濃淡で表現していくのだ。一般的な型紙を使う「型染め」とは一風違った彩りを映し出すことができる。

徳島の「藍師」と呼ばれる職人が、昔ながらの手法で藍染めに不可欠な「すくも」と呼ばれる染料のもとをつくっている。「タデ藍」という植物を乾燥、発酵、熟成させて1年近い時間をかけてつくり上げていく。その「すくも」を購入し、藍甕にいれて発酵させ、染料として使用できるようにするため、一定の温度に保ちながら、毎日１００回程度もかき混ぜる必要がある。言うまでもなく大変な作業である。

こんな手間暇をかけてつくり上げていくのが、ろうけつ染めの作品だ。せっかく陽子さんがコツコツと磨いてきた職人芸を絶やすのが忍びないと初子は考えたのだという。

私と初子は宮古島と蓼科、それに東京を転々とする生活だが、蓼科の家に本格的な藍染め工房をつくり、陽子さんから受け継いだ、ろうけつ染めの作品をつくる生活が始まった。初子は、陽子さんが設立した「青藍工房」という名前を引き継いで活動している。

私の目から見ても、藍というのはつくづく生き物だなと思う。その日の天候によって色の入りが違ってくるし、そもそも藍という染料が生き物だ。手をかけてつくり上げても、日に日に色合いが変わっていく。青年期の濃い色から、壮年期になってくるとやや碧がかってくる。それもまた藍染めという伝統芸になんともいえない深みを与えるのだろう。

母娘で受け継がれた伝統の藍染め。ただ、初子には忸怩たる思いがあったのだという。日本ではなかなかその価値が認められない。そこで、陽子さんには黙ってパリの最古の公募展「ル・サロン」に陽子さんの作品を応募してみた。これが見事に当選した。２０２２年のことだ。長年にわたって日本では日の目を見なかった陽子さんの作品が、堂々とパリの展示会を飾ったのだ。ちなみに応募作は「上巳《じょうみ》の渦」。故郷、徳島の鳴門海峡の渦を屏風に描き出したものだ。

この話には続きがあって、翌２０２３年には初子の作品も応募した。すると、なんと母娘がそろって入選したのだ。橋本陽子作「剣山の黎明」と橋本初子作「脳の拡大」だ。初子と二人でパリの展示会場に足を運んだ。私は何もしていないのだが、それはもう、誇らしい思いがしたものだ。

初子の作品「脳の拡大」が面白い。この時期、初子は脳科学に関心を持って勉強していたが、よく考えれば私と二人で歩んだ事業家としての道は、人々の「脳の拡大」を手助けする仕事に他ならない。「一太郎」でなし遂げたことも、いまメタモジでやっていることも、「日本人の知的生産性を高める」という思いを形にしたものだからだ。

そんな人生をずっと二人三脚で走り抜けてきたのが初子である。その初子が母から受け継いだ藍染めで描いたのが「脳の拡大」。それが、晴れて芸術の街で開かれる展示会を飾る。人生というのは、こんなふうにもつながっているのかと思わされた瞬間だ。私にとってこれほど痛快なことはない。

橋本陽子作「剣山の黎明」

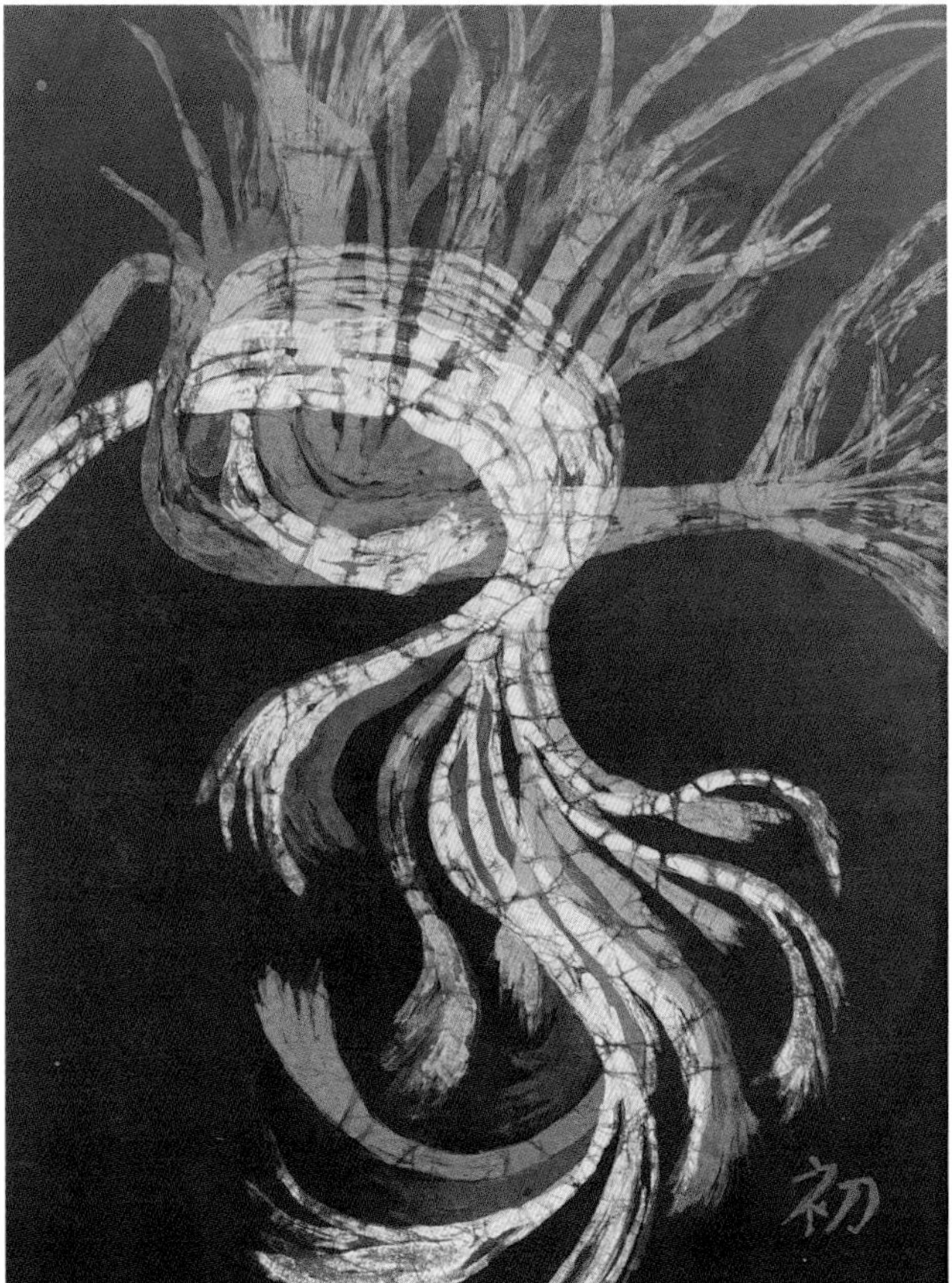

橋本初子作「脳の拡大」

生涯現役

これまでにいくつもの発明品を世に送り出してきた。大成功したものもあれば、残念ながら失敗と言わざるを得ないものもある。ただ、ひとつだけ言えるのは、私の思いはジャストシステムで「一太郎」を世に送り出したときと同じだということだ。日本人の知的生産性を高める。この一点である。「人とコンピューターが寄り添う社会の実現を目指す」と言い換えてもよい。メタモジとなってからも、その志をひとつずつ形にしていると思っている。

ただ、ジャストシステムのときと違うのは、製品開発にいつまでもかかわっていきたいということだ。会社が大きくなると、どうしても社長というのは、製品開発以外で会社を運営するための仕事に追われるようになる。悪く言えば「大型雑用係」のようなものだ。私のような人間には、それがとてもつまらなく思えてしまうのだ。

私は今年（２０２３年）５月、74歳になった。30歳の年にジャストシステムを起業し、

60歳で再び現在の会社を立ち上げた。だが、精神的には何も変わっていないのだと思う。「いい歳をして」と大人ぶる必要なんてどこにもない。大切なのは、「いい歳だからこそ何をやるか」という心意気なのである。

会社員と違って起業家に定年があるわけではない。まだまだやりたいことが山積みだ。あれもやりたい、これもやりたい。そう思い続けて、初子との二人三脚でここまで走り続けてきた。それはいまも変わらない。

若かりしころ、吉野川の流れに自分の人生を投影させたことは何度か触れた。私はいまもその流れのなかにいる。起業を決意した40年以上前と何も変わっていない。大河の流れに「会社」という木を放り込み、そこにまたがって思い描く夢を実現させていく。そのために、必死に流れの先を目指して漕いでいくのだ。私はそういう人間なのだろう。

生涯現役。

先のことはわからないが、これからも初子とともに、この流れのなかに身を置いて夢中で漕ぎ続けていきたい。

それが私の人生だ。

宮古島から会議に参加する筆者と妻の初子（2022年3月）

あとがき

ここまで読んでくださった皆様に心より感謝申し上げたい。

1949年5月5日、愛媛県新居浜市で生まれた私は、1969年春、生涯の伴侶である初子と愛媛大学で出会い、大学卒業後は設計エンジニアとして電機メーカーに勤めた。そして1979年7月7日、ソフトウエア会社を創業して、私たち自身の人生をつくり上げてきた。

本書を書くきっかけとなったのは、2022年3月1日から3月31日まで日本経済新聞に連載された「私の履歴書」だ。このとき、「私の人生を通じて、チャレンジを続けることの尊さや、そのエッセンスをたくさんの人たちと分かち合いたい」と強く感じた。そこで、新聞連載に追加したいと思っていたエピソードや、それ以降の出来事などについても綴ることにした。

傍観者でとどまるのではなくチャレンジし、あるときは順風満帆、あるいは荒波にもまれながら進む。これが私の人生だ。本書が、皆さんの人生に新たな視点やインスピレーションを提供し、自らの人生をつくり、チャレンジを続ける力になることを願う。

心からの感謝を込めて。

年譜

1949年（昭和24）	5月	和宣、愛媛県新居浜市で生まれる
1951年（昭和26）	3月	初子、徳島県徳島市で生まれる
1956年（昭和31）	4月	和宣、新居浜市立高津小学校入学
1957年（昭和32）	4月	初子、西宮市立大社小学校入学
1962年（昭和37）	4月	和宣、新居浜市立東中学校入学
1963年（昭和38）	4月	初子、徳島市立徳島中学校入学
1965年（昭和40）	4月	和宣、愛媛県立西高等学校入学
1966年（昭和41）	4月	初子、香川県立高松高等学校入学
1968年（昭和43）	3月	和宣、大学受験に失敗
1969年（昭和44）	4月	愛媛大学工学部電気工学科入学。松山キャンパスでお互いに出会う
1973年（昭和48）	3月	愛媛大学工学部電気工学科卒業
	4月	和宣、西芝電機入社。初子、高千穂バロース（現日本ユニシス）入社
1975年（昭和50）	1月	結婚。初子は退職し、姫路市の西芝電機の社宅に
1976年（昭和51）		初子、プログラマーとして地元のコンピューター販売会社に就職

1979年（昭和54）	4月	西芝電機を辞めて独立、徳島に拠点を置く
	7月	ジャストシステム創業。日本ビジネスコンピューター（現JBCCホールディングス）と代理店契約
1981年（昭和56）	6月	株式会社ジャストシステム設立。和宣が社長、初子が専務に
1982年（昭和57）	10月	かな漢字変換ソフト「KTIS（Kana-Kanji Transfer Input System）」（現ATOK）発表
1983年（昭和58）	10月	NEC「PC—100」用日本語ワープロソフト「JS—WORD」発表
1984年（昭和59）	12月	日本IBM「JX」対応ワープロソフト「jX—WORD」発売
1985年（昭和60）	2月	NEC「PC—9801」対応ワープロソフト「jX—WORD太郎」発売
	8月	日本語ワープロソフト「一太郎」発売
	12月	東京営業所開設
1986年（昭和61）	2月	「一太郎バージョン2」発売
1987年（昭和62）	3月	グラフィックソフト「花子」発売
	6月	「一太郎バージョン3」発売。31万本の大ヒットに
1988年（昭和63）	5月	大阪営業所開設

1989年（平成1）	4月	「一太郎バージョン4」発売。不具合問題が発覚
	6月	東京支社開設
	11月	「一太郎バージョン4・3」完成。同シリーズは累計63万本のベストセラーに
1990年（平成2）	6月	和宣、日本パーソナルコンピュータソフトウェア協会（現ソフトウェア協会）会長（1996年6月まで）
1991年（平成3）	6月	名古屋営業所開設
	9月	和宣、コンピュータソフトウェア著作権協会（ACCS）副理事長
1992年（平成4）	1月	ATOK監修委員会発足
1993年（平成5）	4月	「一太郎バージョン5」発売。発売後1週間で10万本が売れる
1995年（平成7）		米「ユニコードコンソーシアム」（1991年設立）のフルメンバーに
	8月	インターネット接続サービス「ジャストネット」試験運用開始
1996年（平成8）	5月	米ピッツバーグに研究所「JPRC」開設
1997年（平成9）	7月	文書検索・要約システム「コンセプトベース」技術を発表
	10月	店頭登録銘柄として株式を公開

1998年（平成10）	12月	和宣、国語審議会委員（2000年まで）
1999年（平成11）	6月	小学生用日本語ワープロソフト「一太郎スマイル」（現ジャストスマイル）発売
2000年（平成12）	6月	和宣、日本パーソナルコンピュータソフトウエア協会（JPSA）名誉会員
2001年（平成13）	6月	オンラインショッピングサイト「Just MyShop」オープン
2004年（平成16）	11月	「xfy（エックスファイ）」提唱
2009年（平成21）	4月	キーエンスと資本・業務提携契約締結
	6月	和宣が会長、初子が副会長に（同年10月辞任）
	10月	メタモジ設立。和宣が社長、初子が専務に
2011年（平成23）	2月	手書き文字変換機能「マゼック」付きメモアプリ「7notes」提供開始
2012年（平成24）	9月	手書きノートアプリ「Note Anytime（現MetaMoJi Note）」提供開始
2013年（平成25）	10月	情報共有アプリ「Share Anytime（現メタモジ・シェア）」提供開始
	10月	「Note Anytime」が「スティービーアワード国際ビジネス大賞2013」で銀賞を受賞

2014年（平成26）	9月	「マゼック」をIMEとして提供開始
	11月	「メタモジ・シェア・フォー・クラスルーム」（現メタモジ・クラスルーム）発表
2015年（平成27）	6月	大林組と共同開発した「eYACHO」提供開始
	11月	現場業務向けデジタルノート「GEMBA Note」提供開始
2016年（平成28）	10月	「メタモジ・クラスルーム」が「第13回日本eラーニング大賞」で総務大臣賞を受賞
2021年（令和3）	10月	歯医者向けデジタルノート「Dental eNote」提供開始
2022年（令和4）	7月	「安全AIソリューション」を発表
2023年（令和5）	2月	初子の藍染め作品が世界最古の国際公募展「ル・サロン2023」に入選
	6月	高いAI技術を持つコトバデザイン社を買収

【著者紹介】
浮川和宣（うきがわ・かずのり）

1949年、愛媛県生まれ。73年、愛媛大学工学部電気工学科を卒業、西芝電機に入社。79年、脱サラして、プログラマーである妻の初子とともに夫婦二人、徳島で起業。大ヒットしたワープロソフト「一太郎」を生んだジャストシステムを創業し、日本を代表するIT企業に上り詰める。81年より社長、2009年より会長に就任。同年、会長を辞任し、夫人とともに新たにコンピューターソフト会社、MetaMoJi（メタモジ）を設立。同社社長に就任。開発したタブレット用の手書き入力ソフトは、学校や建設現場などで広く使われている。

文字を超える　私の履歴書

2023年10月18日　1版1刷

著　者	浮川和宣 © Kazunori Ukigawa, 2023
発行者	國分正哉
発　行	株式会社日経BP 日本経済新聞出版
発　売	株式会社日経BPマーケティング 〒105–8308　東京都港区虎ノ門4–3–12
装　丁	三木和彦
DTP	株式会社アンパサンドワークス
印刷・製本	中央精版印刷株式会社

ISBN978-4-296-12202-8